笑ってわかるデリバティブ

保江　邦夫／画・北村好朗

笑ってわかるデリバティブ

――金融工学解剖所見――

*

海鳴社

目次

はじめに

　デリバティブという用語とともに、金融数学とか金融工学、あるいはファイナンスの数学などといった言葉を耳にすることが多くなった。そして、全く意味不明のカタカナ業界用語の氾濫の中で、何となく自分のお金が魔法のように増えていくと信じ込まされてきた善良な人々が目立つようになった。数学とか工学という日本語がつけば、誰しも確実に儲けてくれるような気になるし、さらにポートフォリオやプットオプションなど、一見格好いい響きのあるカタカナで塗り固められれば、つい勧誘にのってしまう。

　一抹の不安を打ち消そうと書店の金融関係の棚をのぞけば、そこに並んだ金融工学の解説書の数に圧倒される。おまけに、ほとんどの著者は、金融工学こそ現代の錬金術であり、情報技術革命と高度な数学である確率微分方程式を組み合わせた革命的な理論だと唱い上げているではないか。これでは、迷える子羊たちを救うどころか、資産運用の美名につられて金融底なし沼へと向かう後押しをしているも同じ。

僕自身、若い頃から確率微分方程式に慣れ親しんできたし、その発見者であり、我が国が世界に誇る数学者伊藤清先生にもよくしていただいた。そして、伊藤先生ご自身は確率微分方程式の金融工学への応用に警鐘を鳴らし続けていらっしゃるし、金融関係の研究へと駆り立てられていった若者たちを一刻も早く数学へ帰してやってほしいと訴えられつづけておいでだ。

せめて自分なりに、伊藤先生のお心のままに動きたいと思い、金融工学など何もちゃんとした確率微分方程式がなくともでっち上げることができる程度のものだというスタンスの本『Excelで学ぶ金融市場予測の科学』を世に送ったのは、半年前のことだった。その反響は予想以上に大きかったのだが、面白いことに、金融関係のプロの方々が口をそろえて褒めてくださったのは、金融に使われる数学を平たく解説した部分ではなく、息抜きを兼ねて入れておいた冗談半分のデリバティブ解説のところだった。

そして、読者カードでの要望も、この冗談半分のデリバティブ解説のノリで、もっと広い範囲の金融派生商品の実体を暴いてほしかったというものが多かった。証券会社の営業スタッフにまくしたてられても「ハハンあのことをこんなに小難しくしか説明できないのか!」と平然と鼻先で笑える。笑って読めば、そんな賢い個人投資家になれる。そんなトンでも本が大いに望まれてしまった。

もとより冗談半分の人生を生きてきた僕に異存があろうはずもなく「ヨッシャ、ワシに任しときー」と二つ返事で引き受けてしまう。またまた悪い癖が出てしまったわけだが、それでも個人投資家や、日銀の金利ゼロ政策に泣き続ける一般の人々が、やむを得ず生き馬の目を抜く金融・証券業界に巣くう海千山千の連中と接する場合の心の支えになるなら、それもよしとしよう。

ほな、一丁やりまっか！

第一部　デンタル直物取引と金歯運用

預金金利の怪

時は二十世紀末。所は東京23区内の住宅街。南河内大学歯学部を出た関西弁丸出しの男が開業したため、長く閑古鳥状態が続いている歯科医院での物語。

【営業】先生、紀尾井町や表参道と違い、この地区には住宅も多いですから、もう少し宣伝活動をなさったら如何でしょうか？　我が社は、歯科医療機器や歯科衛生用品の卸業だけでなく、先生方の開業や医院拡張のお手伝いもさせていただいております。ビラやポスターだけ

でなく、バイトの女の子を総動員して看護婦さんの格好で駅前でキャッチセールスを展開することも可能でございます、はい。

【歯科医】アンタなー、忘れとんのとちゃうか？ ワシが田舎の田畑売り払うて手にした、なけなしの金やったんやないけ。それを、センセセンセゆうてつきまとうたあげく、こんな歯医者泣かせの地獄の一丁目を紹介しくさったんは、アンタとこの会社やないけ。この辺りで信号のある交差点見てみー、角に歯医者がないとこやこうあらへんわ。こんなん、名古屋の喫茶店と同じやないけ。

【営業】先生、滅相もございません。私どもの社長、先生の病院の発展だけを願い、朝に晩に神仏への供養を欠かしたことはございません。先日も甥子さんをなだめすかして、こちらで歯の治療をするようにいい含めておりましたです。

【歯科医】なんや、この前久しぶりにきおったガキの患者、アレお宅の社長ハンのサクラやったんかいな。せやけど、サクラならサクラらしゅう、最後までキチンと治療させなアカンわ。よっぽど関西弁が珍しいんか、ワシが何かゆうたんびにゲラゲラ笑いくさってな。歯茎に打とう思うとった麻酔の注射針、つい手元が狂うて喉チンコに刺してしもうたんや。

【営業】え、えー。それはまた、激しいことを。

【歯科医】いや、ワシも最初はシモタ思うたんやが、何せえらいマセた悪ガキでな。こないに抜かしおんねん。

【営業】はー、どのように。

【歯科医】いまの医療ミス、出るとこ出たらえろう高うつくんとちゃうかゆうてな、暗に圧力かけてきおんねん。ワシとこみたいに閑古鳥が鳴いとる歯医者やこう、医療ミス賠償保険も入ってへんし、そらもうごっつうびびったで。

【営業】さすが、我が社の強欲社長の甥子さんだけありますな。

【歯科医】アンタ、どっちの味方しとんねん？　ホンマに、ちゃんとしてや。何考えとんねん、マッタク。

【営業】これは、これは、まことに申し訳ございません。して、いったい先生は、その修羅場をどう切り抜けられたのでしょう。差し支えなければ、是非にもお聞かせください。

【歯科医】まーな。いくら凄んでみせたところで、所詮は悪ガキに毛が生えた程度のもんや。ワシも伊達に南河大の拳法部ＯＢやっとるわけやないねんゆうてな、一発蹴りでも入れてやろうか思うたんやが、美人の歯科助手が機転を利かして飴玉しゃぶらせたら小そうなってしもうてな。

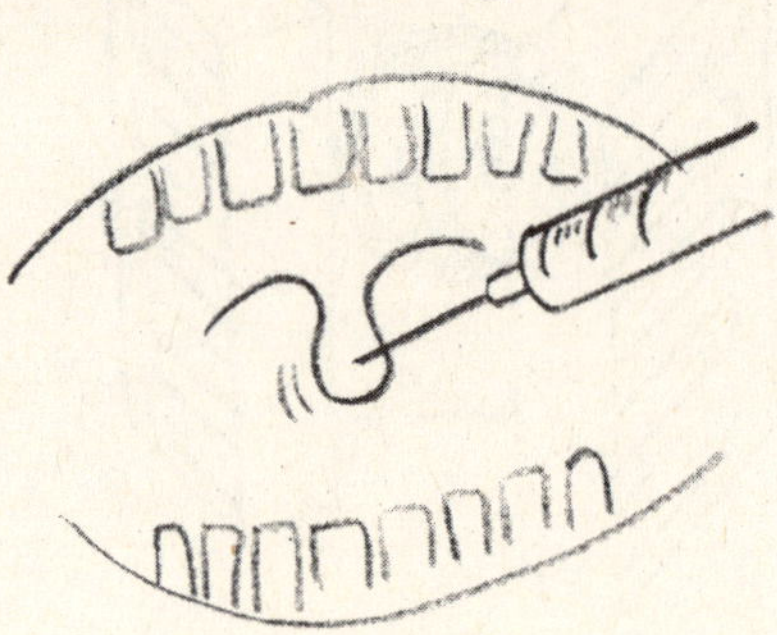

【営業】それは、それは。まさに間一髪のところでしたね。しかし、先生。私どもで扱っております医療ミス賠償保険、やはりお入りになったら如何でしょうか？　この先、いつまた同じようなことがあるとも限りません。

【歯科医】何ゆうとんねん。アンタとこの保険やこう、掛け金が高うて、ワシら弱小歯科医院じゃあ手が出んわ。

【営業】しかし、いつまた患者さんの喉チンコに……

【歯科医】それはそれやないけ。美人の歯科助手が宥《なだ》めても効かんのんやったら、しゃーないわ。あきらめまっさ。

【営業】あきらめるとおっしゃられましても、先生。最近の判例では数千万円を要求されることもございます。ここは、是非何か手をお打ちになっていたほうが……

【歯科医】アンタ、ワシを見くびったらアカン。ワシかて、その辺のことはよう考えとんのや。ちゃんとな、親父の遺してくれた現金、税務署にもわからんように密かにタンス預金しとんねん。

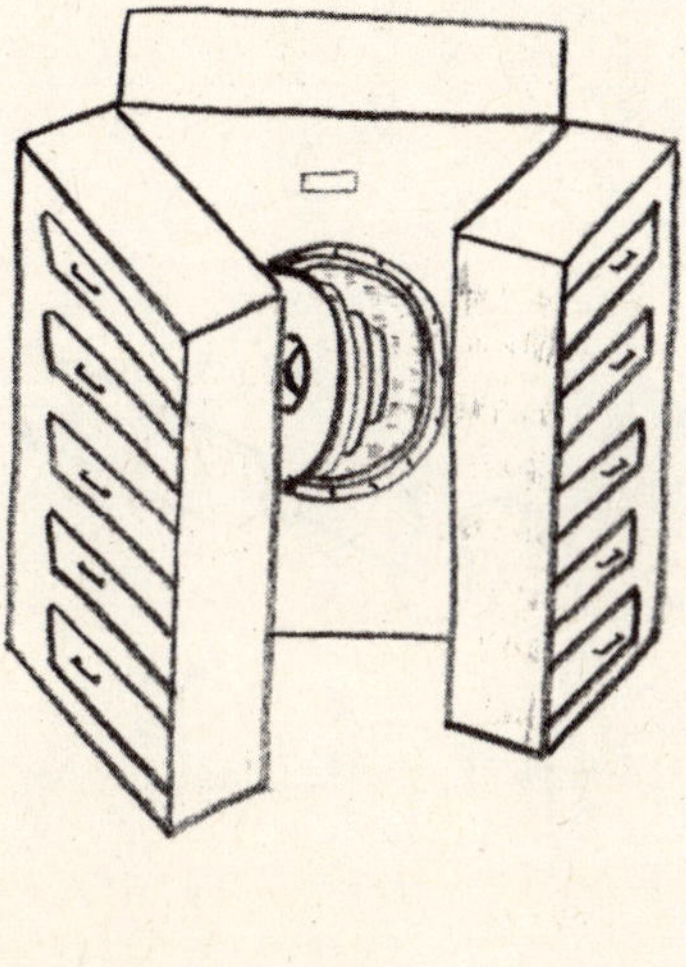

【営業】それは、それは。いまどきタンス預金とはお珍しいですね。しかし、先生。この辺りも結構空き巣や引ったくりが出るようになったと聞いております。おまけに、開業医の家にはかなりの現金があるはずということで、窃盗団に狙われるかもしれません。どうか、タンス預金はおやめになって、お近くの銀行にお預けになってください。

【歯科医】せやけどな、アンタ。駅前にある、ホレ、何ちゅうたかな、何か子供銀行みたいな名前にしおった田舎銀行の東京支店……?

【営業】あー、ございます。確か、カマトト銀行東京支店でございますね。私も、最初に新聞で見たときは驚きました。第二地方銀行系で始めてカタカナの俗っぽい銀行名に変えた上に、たいていは日本橋か兜町に持ってくる東京支店を、地価が安いとはいえ、この辺りに出すのですから。渋いというか、クールというか……確か本社は岡山でしたから、やはり計算高くずるがしこいんでしょうね。

【歯科医】ホンマ、岡山ゆうんはな、関ヶ原の小早川の末えいばっかしがおるとこやさかい、油断も隙もあらへんとこや。

【営業】さすが、先生の博識には、いつもながら頭が下がる思いです。私も駆け出しの頃に先輩からいわれたものです。営業で一人前の顔ができるのは、名古屋商人に紹介してもらった大阪の問屋に品物を買ってもらい、その代金を岡山で集金できてからだと。

【歯科医】そら、ごっつうあたっとるわ。ホンマ、カマトト銀行も岡山の代名詞になるくらいや。ワシがな、ちょっと二千万ほど預けちゃるけん、利子何ぼにするんやゆーて聞いたときもな、定期預金の金利は他の銀行と同じやいいおんねん。アンタ、ワシャー、そらもう腹が立ってな。アホ抜かせー、山形に本社があるおしん銀行やったら、行員のボーナス減らしてでも客の金利上乗せしおるんや、ゆーたったんや。スカッとしおったで、ホンマ。

【営業】ほー、先生!? おしん銀行の定期預金は他よりも金利がよろしいんですか?

【歯科医】アンタ、そないに身を乗り出さんといてんか。気持ち悪いがな、男に迫られても。

【営業】あ、これは大変失礼いたしました。しかし、先生。本当におしん銀行の金利が他行の金利よりも高いのでしたら、私も是非預金したいと思います。

【歯科医】ハハハ、アンタも結構金儲けしたいんやなー。せやけど、世の中そないに甘うないねん。おしん銀行が金利の上乗せするゆうんは、嘘や。せやけどな、何かゆうたったらんことには、あの強欲なカマトト銀行に対する怒りが収まらんかったんや。

【営業】先生。びっくりするではございませんか。私など、これからケータイで親戚縁者に電話しまくって、全員でおしん銀行に押し掛けようと考えていたじゃありませんか。いやー、しかしそうですよね。あり得ないことですから。

【歯科医】えー、あり得んゆうて、銀行かて商売やがな。他よりも金利ようして預金客増やしたろゆうことはあるんと違う？

【営業】はー、先生。お言葉を返すようでございますが、私実は帝都西北大学の経済学部でラグビーをやっておりました。従って、あまり授業には出ておりませんでしたが、もともと金儲けに興味がございましたので金融論だけは欠かさず出席いたしました。

【歯科医】ほー、やっぱ大学生のときから金儲けしよう思うてたんやな、やっぱし。

【営業】ハイ、お察しのとおりでございます。それで、金融論の教授から聞いた話なんですが、何でも安定な金融社会が存続するためには、リスクのない金利は一つしか許されないそうです。もし、二つ以上の異なったリスクなしの金利が存在したなら、その社会はすぐに破綻するとも……

【歯科医】えー、それホンマかいな？　その教授、嘘教えたんとちゃうか？　自由経済の根本は競争原理やゆうやないけ。現に金利かて、普通預金よりも定期預金のほうがえーに決まっとるわ。

【営業】先生、もちろん普通預金の金利と定期預金の金利は違いますし、定期預金でも、満期までの期間が長ければ長いほど金利もよくなっています。しかし、満期までは自分のお金であっても自由に引き出せない点や、満期前に解約すると金利がほとんどなくなることを考慮すると、トータルでは金利はどれも同じと考えてよいそうです。

【歯科医】しかしなー、まー銀行の預金金利はそうかもしれんが、ホレ、信託銀行や証券会社の営業が持ってきおる何とかファンドやったら、もう少しえー金利つけとるがな。

【営業】お言葉ではございますが、先生。それらの金融商品の場合はリスクがございます。概ね予想される金利はこのくらいですという目標値が掲げられているだけですので、実際に預けてみたら元本を割ったということもよくあるわけです。先ほど申し上げましたのは、あくまでリスクのない金利だけについてのことで、そのような金利で異なるものが二つ以上あってはならないというのが安定経済の基本だというわけです。

【歯科医】フーン、いまいちようわからんのんや。

【営業】申し訳ございません。私の説明が的を射ておりませんでした。それでは、こんな実例では如何でしょうか。例えば、おしん銀行での普通預金の金利が年1%だったとしましょう。

【歯科医】そら、えー話やないけ。普通預金ゆうたら、金利やこうほとんどない思わんといかんご時世やからな。

【営業】先生、もちろんたとえ話ですので……

【歯科医】なんや、そうなんかいな。まー、えーわ。話、続けてんか。

【営業】はい、ありがとうございます。では、おしん銀行の普通預金が年利１％だとして、岡山のずるがしこいカマトト銀行が普通預金の金利を年３％に設定したとします。

【歯科医】ホー、やっぱ小早川の血筋だけあるやないけ。しかし、単に金利が違うゆうだけで、別に何も困ったことにはならんのんとちゃうか？　そら、誰しも金利のえーカマトト銀行に預けようとするかもしれんが、中にはワシは死んでも岡山の銀行だけには預けとうないゆうまともな奴もおるやろう。

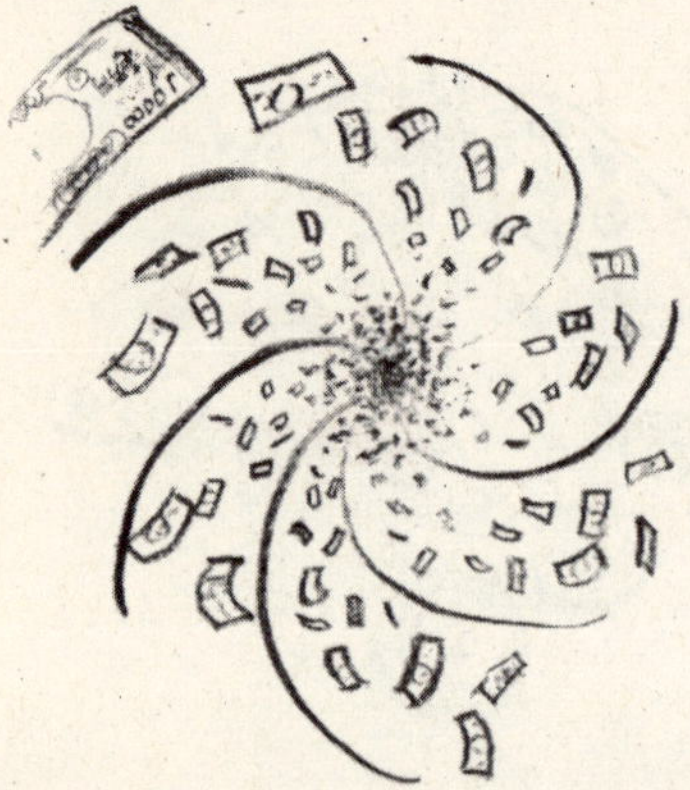

【営業】先生、さすがでございますね。確かに、個人レベルで見れば、金利を損してでも山形のおしん銀行に預けたいと思う人情もわかります。しかし、問題はそのような個人の趣味をはるかに超えたところにございます。年利１％のおしん銀行と３％のカマトト銀行が共存するということ自体、実は金融社会の中にお金のブラックホールやホワイトホールを生み出してしまうのです。

【歯科医】へー、ブラックホールゆうたら、宇宙の中にあって何でもかんでも吸い込んでしまう特異点やゆうし、ホワイトホールはその反対で何でもかんでも吐き出し続けとる特異点やったなー。確か、……

【営業】さすがは先生、医学だけでなく天文学にまでご造詣が深いとは……。大変、お見それいたしました。

【歯科医】アンタ、歯の浮くような台詞、よう平気でいえまんな。歯医者の歯浮かすゆうたら、大したもんや。

【営業】滅相もございません。ブラックホールはともかく、ホワイトホールが吐き出し続ける特異点だなどと、少なくとも私の知る限りの先生方からは期待できないお言葉です。

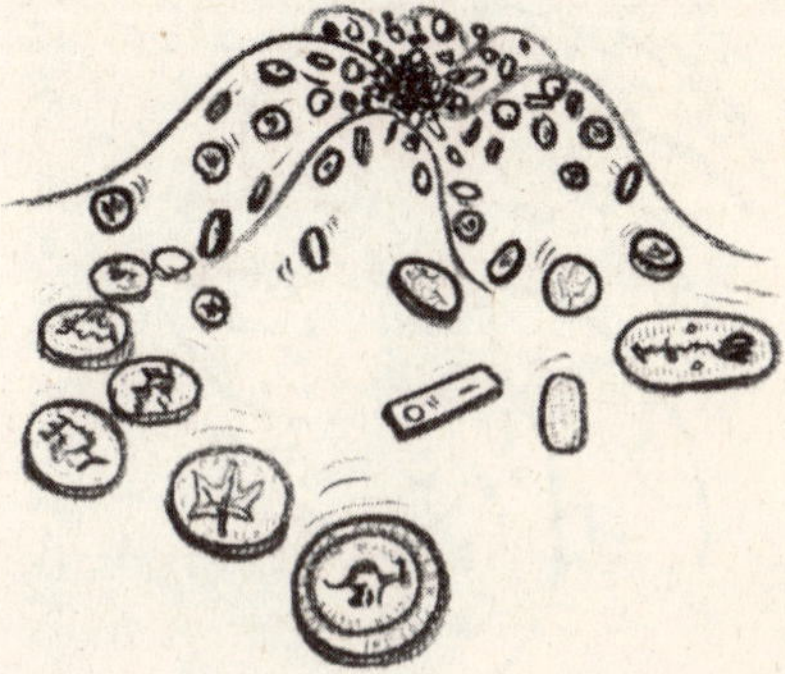

【歯科医】ハハハ、そーかな、そーかな。まー、ワシも昔からSF映画好きやったさかいなー。他の歯医者と一緒にしてもろうたらアカンわ。せやけど、カマトト銀行とおしん銀行が共存したら、何でホワイトホールができてしまうんや?　お金のホワイトホールゆうたら、どんどんお金を吐き出す特異点ゆうこっちゃから、もしできるもんならワシが欲しいくらいや。

【営業】はい、お察しのとおり、本来何もないところからどんどんお金が湧き出てくるようになってしまうわけです。つまり、お金のホワイトホールです。

【歯科医】何ゆうてんねん、そこんとこがわからへんねや。何でカマトト銀行とおしん銀行があるだけで、元手なしでもお金が増えていくんや?

【営業】それでは、はっきりと申し上げましょう。先生は、潔癖なまでの人格者でいらっしゃいます。ですから、腐ってもカマトト銀行東京支店にはいらっしゃいません。そこで、私がおしん銀行で先生を待ちかまえ、先生がおしん銀行に1000万円普通預金されるところで声をおかけしたとします。

【歯科医】どないに?

【営業】はい、実は先生、耳寄りな話がございまして……と始めまして、先生の1000万円をおしん銀行の金利1%よりも高い年利2%で私に預からせてくださいとお願いするわけです。

【歯科医】それやったら、無条件にアンタに預けるがな。

【営業】ありがとうございます。それで、私は先生に年利2%で1000万円お預かりしましたという個人的な通帳と引き換えに、先生から1000万円頂戴するわけです。

【歯科医】せやけど、その1000万円はアンタを信用して預けただけで、何もアンタにあげたんやあらへんで。せやから、そこで1000万円アンタの懐に入ったゆうても、ホワイトホールとはいえんやないけ。

【営業】もちろんでございます。私もこの年で詐欺で捕まるような馬鹿なまねはいたしません。それに、日本の金融経済市場に出回っているお金、即ち日銀券の数は一定でございます。従って、仮に先生の懐から1000万円が消えて、それが私の懐に入ってきたとしましても、トータルではプラマイゼロで、お金が湧き出たわけでは決してございません。

【歯科医】そらー、そうや。そんなん、単に右から左にお金が動いただけで、何もお金のなかったところからお金が魔法のように出てきたわけではないやん。

【営業】はい、そのとおりでございます。しかし、次に私がこうしたら如何でしょう?

【歯科医】どうするねん?

【営業】はい、先生にお預けいただいた1000万円を持って、私がカマトト銀行東京支店に出向くわけでございます。そして、全額普通預金にいたします。

【歯科医】何や、それだけかいな? そんなん、アンタの好きにすりゃーえんやないけ。

【営業】ありがとうございます。しかし、ちょっとお考えください。1年後に先生が1000万円を私から引き出されるとします。もちろん、私はすぐにカマトト銀行から先生の100

0万円を引き出してくるわけですが、そのとき金利のおかげで1030万円となっているはずです。

【歯科医】せや、せや。金利が3％やさかいな。

【営業】はい。では、私が先生にお渡しする金額といえば……

【歯科医】えーと、年利2％の約束やさかい、1020万円……

【営業】さようでございます。私めは先生に1020万円を差し上げておけば無罪放免。先生も渋いおしん銀行にお預けになるよりも10万円得をなさったわけでございます。

【歯科医】そうやがな、そうやがな。アンタのおかげや。しかし、ワシも喜んどるんやさかいに、別にかまへんやないけ。いったい、どこが悪いんや？

【営業】はい、実は先生。私がカマトト銀行から引き出す金額と、私が先生にお渡しする金額に差ができてしまうのが問題なわけです。1030万円から先生に1020万円お渡しした残り10万円です。

【歯科医】そなことゆうて、そりゃーアンタが取っとき。アンタが工夫したんやさかい、アンタの稼ぎとして使うたらえーやないけ。遠慮せんとき、いまさら。

【営業】ありがとうございます。しかし、個人レベルでは私めが頂戴しても問題はございませんが、日本の金融社会にとっては一大事でございます。

【歯科医】何でやのん？ よう、わかるようにゆうてみてんか。

【営業】はい、この差額の１０万円、もともとは何もなかった、つまり私めの手元には１円もなかったにもかかわらず、１年間待っただけで１０万円が沸いて出てきたということになります。その間、私は何も労働を提供したわけでもございませんので、この１０万円は日本の金融社会の中に吐き出るようにして生み出されたお金です。これによって、政府日銀によって一定に保たれているはずの日本銀行券の総額が何ら経済成長なしの状況でも無制限に増えていってしまうわけです。

【歯科医】なるほどなー。それやったら、ワシが悪徳総理大臣になってみー、国家予算の年度下半期分を上半期におしん銀行に預けるゆうといてやな、ホンマは6ヶ月間カマトト銀行に預けとくわ。そいでも、世の中何も困らんし、ワシの懐にはいつの間にかぎょうさんのお金が湧き出てきおる。

【営業】さすがは、先生。呑み込みがお早いことは、町内きってでございますね。お見通しのように、二つ以上の異なったリスクのない金利がございましたら、世の中にはホワイトホールのようにお金を無尽蔵に吐き出す特異点ができてしまいます。あるいは、おしん銀行とカマトト銀行を取り違えたときの悲劇はブラックホールを生み、絶え間なく負債を産み続けたあげく世の中からお金が消え去ってしまうのです。

【歯科医】ホー、そらまたごっつう怖い話やないけ……。そうか、そいでもってリスクのない金利が二種類以上あったら、経済が破綻するんや。こらまた、えろう勉強になったがな。

【営業】私のほうこそ、先生の鋭いご指摘のおかげさまで、忘れておりました金融論の基本中の基本を思い出すことができました。いやー、私どもの社長がかねがね申しておりますとおり、先生はただ者ではございません。一介の町歯医者で終わる方ではありません。

【歯科医】アンタなー、歯医者の歯浮かすまには、ホレ、バイトの女の子に看護婦の衣装でも着せて駅前でキャッチセールスやっといてや。患者やこう、さっきから一人もきおらんがな。ホンマに……。

デンタル預金

キャバクラまがいの強引なキャッチセールスのかいもなく、くだんの歯科医院では閑古鳥状態が続いていた。

【営業】先生、ご契約いただきました駅前での販促キャンペーンの報告に参上いたしました。

【歯科医】アンタなあ、見てみー。診察室も、待合室も、ガラーンとしたままや。まあ、ときたま入り口から中をのぞいとる兄チャンらがおるんやが、中に駅前キャンペーンみたいなコスプレ看護婦がおらんゆうことがわかったら、タンカ吐いて逃げおんねん。ワシ、何かフーゾク店の店長になった気分やし、歯科助手の娘らも通勤途中で変な目で見られるゆうて、きつういいおる。アンタの販促アイデア、どう考えても失敗や。

【営業】誠に申し訳ございません。私も休日ゴルフ返上で陣頭指揮にあたったのではございますが、どうもバイトの女子大生がケバすぎたようでして……。面目歯大、いや、面目次第もございません。

【歯科医】ホンマや。もう少し品のえーバイト使うとったらよかったんや。まー、いまどき時給800円のコスプレやこう、あんな娘らしかやりおらんわなー。それにしても、あれやったら駅裏の野良犬に時給払うたほうがましやった。販促資金、ドブに捨てたようなもんや、マッタク。

【営業】先生、全ては私の落ち度でございます。つきましては、今朝ほどの営業会議の後で、本部長を交えて私どもの社長と密談いたしてまいりました。今回、先生にご迷惑をおかけした販促資金でございますが、他の先生方の目もございますので、私どもで補填させていただくわけにもまいりません。

【歯科医】アンタなー、そんなことゆうて、端から損失補填する気やこうないんとちゃうか? 顔に書いとるがな。それにナー、アノ渋チン強欲でとおっとるオタクの社長はんが、いっぺん握った金二度と手放すもんか。で、補填できんゆうて、アンタの頭丸めてもろうてもしゃーないんやけどなー。

【営業】誠にごもっともなことで……、実は不肖この私、本部長のお力添えもございまして、先生へのお詫びのしるしということで、社長英断による先生へだけの特別極秘商品を携えてまいりました。

【歯科医】何や、えろう下出に出とる思うたら、今度は別のモン買わそうゆう魂胆かいな。まー、ご覧のとおり、アンタの販促キャンペーンのおかげで閑古鳥まで暇を持て余しとるわけやさかい、暇つぶしに話だけは聞いといちゃるわ。ゆーてみー。

【営業】誠にありがとうございます。ご寛大な先生なればこその暖かいお言葉、痛み入ります。それでは、ご説明させていただきます。我が社では、かねてより歯科医院を窓口にした全く新しい金融業を展開すべく、極秘裏にあの世界に名を轟かしておりますスイスイ銀行と提携いたしておりました。このたび、その第一段といたしまして、業界初となりますデンタル預金「おあずけ君」を全国展開させていただきます。

【歯科医】要するにやな、天下のスイスイ銀行にノウハウ貰うて、そいでもって日本中の歯科医院の窓口使うて、アンタとこで銀行やるゆうこっちゃな。しかし、アホらしなー。何や、社長英断によるウチとこだけの特別極秘商品やゆうて、全国展開するんやったら、他の歯医者と同じやないけ。ワシかて、そこまでコケにされたらたまらんわ。帰ってんか。

【営業】先生、どうか誤解なされませんように。先生だけの特別商品の話はこれからでございますから。

【歯科医】何や、おかしい思うたわ。そな、続き聞いたるわ。

【営業】ありがとうございます。しかし、私めの説明不足でございました。お許しください。確かに、これでは先生のお怒りもごもっともでございます。何分にも、業界初のデンタル預金ということで、ついそちらの説明に力が入ってしまいました。「おあずけ君」ですが、先生が喝破されましたように、全国の歯科医院の受付窓口で銀行のような預金業務を展開するための商品でございます。ただし、銀行業は金融監督庁の所轄であるため、厚生省所轄の歯科医院で新規に銀行業

に参入することはかないません。そこで、スイスイ銀行の発案によりまして特定使用目的のための会員方式で現金預託をすることになりました。つまり、デンタル預金「おあずけ君」で預金いただいたお金は、現金としては引き出すことができず、全国の歯科医院でのみ使用できる金券「デンタルマネー」略して「Dマネー」として引き出すことができるわけでございます。

【歯科医】ふーん、そいやったら、ウチの嫁ハンがデパートの外商に拝み倒されてやっとるルーズソックスとか何とかゆう店内預金と同じなんやな。

【営業】さすがは先生、呑み込みの速さは町内一でございますね。まさに、そのとおりでございます。百貨店業界では、もうだいぶ前からやられておいでして、先生の奥様の場合はおそらく高品屋さんのルーズサークルという会員制度の下での、高品屋店内使用目的のみの現金預託でございましょう。確か、現金を一年預けておいたら、一割増しの金額の高品屋さんの商品券で引き出せるというシステムです。

【歯科医】せやせや、10パーセントも得するゆう

てな、毎年かなりの額を外商の奴に渡しとるわ。ワシがな、どうせ男前の外商の気引こう思うてしとんやろうが、お金預けるなら銀行のほうが安全やゆうてもな、実際1年にかなりの額を高品屋から買うとるんやから、同じことなら高品屋に預けたほうが利率がえーやこう抜かしおんねん。

【営業】はい、そのとおりでございます。使用目的の定まったものであれば、少しでも金利が高い特定使用目的のための会員制現金預託制度をご利用になられるのがおよろしいのではないでしょうか。さすがは、先生の奥様でらっしゃいますね。まさに才色兼備の鏡……

【歯科医】アンタなー、嫁ハンがミス道頓堀やったんは、大昔のことや。いまは影も形もないで……、ホンマに。そんなおべんちゃらゆわんと、ワシだけのための社長特命教えてんか、早うに。

【営業】これはこれは、大変失礼いたしました。このたび私どもで全国展開いたしますデンタル預金「おあずけ君」でございますが、高品屋さんのルーズサークルのようにまず患者さんにデンタル預金の会員になっていただきます。会の名前は「デンタルサークル」を予定しております。そして、デンタルサークルの会員になりますと、いつでも好きな金額を最寄りの歯科医院の窓口でお預入していただけます。そして、これまたいつでもお好きな金額をデンタルマネーの金券でお引き出しいただけます。もちろん、このときにはお預けいただいた期間に比例した利子をおつけするのですが、目安としては一年あたりの年利計算でご紹介いたしております。スイスイ銀行と協議しました結果、「おあずけ君」の年利は高品屋のルーズサークルなど、特定使用目的の会員制現金預託を先行している様々な業界の相場を見極め、10パーセントといたしました。そして、これからが重要なところでございますが、全国一律10パーセントのデンタル預金「おあずけ君」の年利をですね、私どもの社長の特命ということで、特に先生のところでお預けいただいた会員の皆様だけには15パーセントの年利を余分にサービスさせていただき、年25パーセントの利子を保証させていただくことが可能でございます。先生、如何でしょうか?

【歯科医】フーン、他は皆10パーセントが利子やゆうとこへ、ウチで預けたら年利25パーセントやゆうたらなー、そりゃあよそはやめてウチとこくるわなー、患者さんは。そしたら、ウチかて繁盛するがな。そらー、えー話やないけ。しかし、それホンマはいかんのんとちがうんかいな?

【営業】と、申されますと?

【歯科医】ホレ、この前アンタゆうてたやないけ。リスクのない金利で違うんが二つ以上あったら世の中ひっくり返るゆう話。何か、大学の金融論で聞いたゆうやっちゃがな。

【営業】あー、金融論の基本中の基本ですね。しかし、さすがは先生、鋭いところを突いてこられますね。ご指摘のとおり、これが不特定多数の顧客を想定した銀行の預金ですと、先回ご説明させていただいたように、お金のブラックホールやホワイトホールができてしまい、経済社会が破綻してしまいます。しかし、どうぞご心配なく、先生。「おあずけ君」はあくまでデンタルサークルの会員に限定した特定使用目的のデンタル預金ですので、それが一般の経済社会全般を破綻に追い込むようなことは決してございません。何せ、デンタル預金で増やしたお金とはいっても、歯科医院で歯の治療をする目的にしか使えないお金なのですから。この点は、高品屋さんのルーズサークルで年利10パーセントで運用できても、巷の銀行の普通預金金利が限りなく0に近い現在の状況下でお金のホワイトホールができてしまったという話は聞かないのと同じです。確か、大手の旅行代理店さんでも、年利20パーセントで旅行クーポンでのみ引き出せる積み立て預金もどきをなさっていますし、固定資産税にしても、一括でまとめて払えば普通の金利以上に得するようにできています。

【歯科医】なるほど、世の中にも迷惑をかけず、そいでもってウチにくる患者さんだけがごっつう得するデンタル預金ゆうわけやな。そらまた、ホンマにおもろい話やないけ。それやったら、確かに患者さんはどんどんとウチにきてくれるようになるやんけ。よその歯科医院には悪いけどなー、こりゃーウチとこの一人勝ちや。いやー、アンタとこの社長はん、かねがね強欲なだけのお人や思うとったんやが、見直したわ。そこまで、ワシのことを考えてくれとったんや。アンタ、あんじょうゆうといてや。ホンマ、ワシごっつう感謝しとるさかいに。

デンタル宝くじ預金

デンタル預金「おあずけ君」は、本邦初のデンタル預金ということで、マスコミにも大きく取り上げられた。むろん、くだんの歯科医院以外では一律年利10パーセントで運用されていったが、この医院だけが年25パーセントで回しているという噂は口コミで首都下全域に知れ渡り、連日「おあずけ君」の新規加入申し込み患者で大いに賑わっていた。

【営業】先生、このたびはまことにおめでとうございます。いやー、患者さんの行列ができているではありませんか。皆さん、先生の華麗な施術を待っておいでになるのですね。

【歯科医】アンタなー、歯医者にきて歯浮かすまには、よう観察してみ。ほれ、行列ゆうたところで、待合室や外に伸びとるだけで、ワシがおる診察室は閑古鳥が鳴きおるまんまや。つまりな、アレらーはワシとこの患者やのうて、単にデンタル預金を噂の年利25パーセントで運用できるゆうだけで押し掛けてきおった強欲な連中や。そいでもってな、ウチの受付で年25パーセントの利子で膨らんだ額面のデンタルマネーにして引き出すんはえんやが、奴らそれ持って斜向かいの歯医者に行きおんねん。ごっつう、腹立つやろ。

【営業】斜向かいの歯科医院といいますと……、あー、昨年開業された歯科医院ですね。確か、東京痛し痒し大学の歯学部をお出になられた、腕の確かな先生ともっぱらの評判で……。

【歯科医】せや、ワシが辛うじて入れた南河内大学とは違うて、偏差値のごっつう高い大学や。おまけに、山の手の優雅な東京言葉使いおるゆうてな、ワシとこの嫁ハンかて治療に通いおんねん。おまけに、えろう二枚目とかでな、パーマ屋に寄ってから歯医者に行きおる。ホンマ、おもろないわ。

【営業】しかし、あの先生が相手では、とてもかないません……、あ、いや、決して悪気があって申し上げているのではないのですが。先生、ここはあんな青二才など全く眼中にないといったスタンスで、ドンと構えていらして下さい。ドンと。

【歯科医】そらまー、歯医者の腕は偏差値やあらへん。本気出したら、ワシのほうが上をいくに決まっとる。しかしな、せっかくウチでしてもろうたデンタル預金やないけ。少しくらいはウチで治療していったかて、罰あたらんのんと違う？　それをなー、全員が全員、それこそ判で押したように金券に換えたとたん、よその歯医者に向かいおんねん。これやったら、ウチは受付が忙しいなっただけで、診療収入は0のまんまや。おんなし0やったら、暇なほうがえかったゆうて、受付の娘も悲鳴上げとるで。

【営業】先生、お言葉ではございますが、デンタル預金「おあずけ君」の新規ご加入時点で、受付をしていただいた医院の先生方には、私どもの方から一件につき手数料200円をお支払いいたしております。ですから、この行列の長さから見ましても、先生の週末ゴルフ代くらいは十分にまかなえておるはずではないでしょうか。

【歯科医】マーな、その点はありがたい思うとるんや。せやけど、ワシかて歯医者の端くれやないけ。あんまり長う患者診とらんかったら、腕が鳴ってしゃーないんや。治療させてくれるんやったら、タダでもえー思うこともあるんや、ホンマ。

【営業】せ、先生、いま何ておっしゃいました?

【歯科医】え、何や急に。えー、何やったかいなー、せや、腕が鳴ってしゃーないゆうたんやないけ。

【営業】いえ、先生、その後です。その後。

【歯科医】その後……、確か、治療させてくれるんなら、お金はいらんゆう気分になるんやゆうたかいなー?

【営業】そ、それでございますよ、先生。さすがは日頃から診察室で頭を捻っておいでだからこその閃き。私、大いに感服いたしました。

【歯科医】頭捻るゆうて、そらー眠気醒ましに首動かしとるだけやないけ。それより、アンタのゆうことがようわからんのんやが、ワシ何か閃いたんかいなー？

【営業】もちろんでございます、先生。私どもが業務委託いたしておりますスイスイ銀行のプロも、先生のこの鋭いアイデアには全員ひれ伏してしまうこと、間違いございません。

【歯科医】そーかいのう。ところで、ワシが閃いたゆうそのアイデア、ワシにもわかるように説明したってくれる？

【営業】さすがは、先生。奥ゆかしいというか、そこまで私めに華を持たせて下さる先生だともつゆ知らず、これまでの数々のご無礼ひらにご容赦……

【歯科医】アンタなー、水戸黄門や暴れん坊将軍やっとんやないんやさかいに、早う説明したってんか。早うに。

【営業】わかりました、それでは不肖この私が先ほど先生の閃かれたアイデアを具体的に補足説明させていただきます。私どものデンタル預金「おあずけ君」で引き出される金券「Dマネー」でございますが、この金券には全て通し番号が打ってございます。また、Dマネーは映画館の切符と同じで、使用されたときには半券が控えとして患者さんの手元に残ることになっております。従って、半券にも同じ通し番号が刻印されております。そこでですね、先生のところでDマネーを使って治療された患者さんには、使用済みとなった半券を1ヶ月間大事に保管しておいていただきます。

【歯科医】そんな使うてしもうた金券の半分とっといてもしゃーないがな。そらー、ワシかて、大昔にミス道頓堀やった頃のいまの嫁ハンと難波花月行ったときの切符の半券、しばらくは大事にとっといたこともあったがなー。せやけど、一文の得にもならんかったさかいに、捨ててしもうたがな。

【営業】もちろん、保管いただくにはそれなりの理由がございます。

【歯科医】理由て、何やのん？

【営業】はい、それこそが先生の鋭い閃きで生まれたアイデアではございませんか。こちらの歯科医院ではでございますね、毎月第一月曜日に美人で評判の歯科助手の方にレースクィーンのような格好をしていただいて、大々的に抽選会を開くのでございます。

【歯科医】そらまた、近所のガキどもがカメラ持って押し掛けてきおるがな。しかし、そないにして、いったい何の抽選せんといかんのんや？　金儲けすんやったら、抽選せんでもガキどもから入場料取って撮影させたらえーやんけ。

【営業】ハイ、抽選と申しますのが、前の月一ヶ月間に先生のところで治療された患者さんのDマネーの通し番号の中から、一等と二等を抽選するのです。そして、一等のDマネーの半券をお持ちの患者さんには治療費をタダにする、つまり使用済みのDマネーの額面どおりの金額を現金で差し上げるわけです。そして二等の患者さんには額面の半分を差し上げる……

【歯科医】なるほど、それやったら運がえー人は結果的にタダで歯の治療ができるわけや。これなら、ぎょうさん治療にくるわなー。そいでもって、ワシが結果的にタダで施術すんは月に一人か二人程度やし、痛手にはならんわ。それよりも、高い金歯入れる治療かて、ひょっとしたらタダになるかもしれんゆうたら、よそに行かんとウチにくるゆうほうがごっつうえーやないけ。なーんや、ワシが腕が鳴るさかいに、タダでも診るゆうたんは、こうゆうことやったんかいな。ワシも、ホンマ頭えんやなー。これやったら、斜向かいの東京痛し痒し大学の奴も慌てておるで。しかし、アンタとこのデンタル預金の金券の半切れ使うて、ワシが勝手に宝くじやってもえんかいな?

【営業】先生、どうかご心配なく。私どもの社長、かねてより先生の後押しができれば本望と申しておりました。その上、このデンタル預金宝くじのアイデアは先生自らが閃かれたもの、社長に何の異論がございましょう。私めが責任を持って、先生の病院に対してのみデンタル預金宝くじを許可するようにかけ合います。もちろん、スイスイ銀行の専門家チームにも相談いたしまして、法的にも全く問題のないことを確認させていただきますが、既に関西の地方銀行である関空銀行さんでは、定期預金の金利を宝くじ的に抽選で決めるというやり方を導入され、業績を伸ばされたとも聞いております。今回先生のご発案になる「デンタル預金宝くじ」も全く問題ないはずでございます。

【歯科医】そーかいな、せやったら安心やないけ。しかし、その関空銀行の定期預金ゆうんはおもろいやないけ。ウチも、どうせならもそっと見習うて、デンタル預金の金利自体を宝くじみたいに抽選で決めたらどないや。一等は年利50パーセント、二等は25パーセントで、残りはよそトコと同じ10パーセントや。これやったら、今以上に押し掛けてきおるはずやないけ。

【営業】さすがは、先生。このアイデア、是非にも我が社にいただきたく存じます。名づけて「デンタル金利宝くじ預金・あたるかも君」、実にいい響きではありませんか。

【歯科医】せやけど、タダゆうわけにはいかんで。これでアンタとこも儲かるんやったら、マー、アイデア料くらいは貰わんとなー。ワシかて、生活かかっとるさかいに。

【営業】イヤー、先生。なかなか抜け目のない。わかりました。営業本部長と社長にかけ合いまして、先生のところのみでの専売とさせていただきましょう。

【歯科医】ヨッシャ、ワシも男やがな。そこまでゆうてくれるんやったら、首縦に振らんわけにいかんわ。

【営業】誠にありがとうございます、先生。では、早速に社のほうに戻りまして、デンタル預金宝くじを上申させていただきます。

【歯科医】あー、よろしゅう頼むで。そいから、抽選会ウチとこでやるんやったら、水着着せられる歯科助手の娘にもギャラ払うてやってな。

【営業】……

外貨デンタル預金

デンタル預金の金利を宝くじで決めるという「あたるかも君」のアイデアは大いにあたり、くだんの歯科医院の受付から伸びた新規加入者の行列は最寄りの駅前まで伸び、商店街に一つの伝説が生まれた。しかし、今どきの患者は賢く、デンタル預金加入者の間に自然発生的に生まれた仲間意識は、またしても南河内大学の偏差値を上回った。

【営業】先生、本邦初の「デンタル金利宝くじ預金・あたるかも君」あたりましたねー。さすがは私どもの社長が見込んだ先生だけはあると、あのスイスイ銀行のプロの連中も感心しておりました。

【歯科医】しかしなー、アンタ。嫌がる歯科助手の娘に無理矢理レースクィーンみたいなかっこうさせて大々的に抽選会したまではえんやがな、どう考えてみても、ウチは大損しとんやがな。ホンマ、腹立つわ。

【営業】えー、そんなことはございませんでしょう。業界でも話題になりましたし、美人の歯科助手の方も写真週刊誌に大きく取り上げられ、一躍タレント気分とうかがっております。おかげさまで、私どものデンタル預金の加入者数も鰻登りで。

【歯科医】そらー、アンタとこはえーかもしらん。しかしナー、ワシとこの治療費が戻ってくるゆう、Dマネーの半券のほうの宝くじナー、えらいことになってまんねん。

【営業】えらいことと申されますと、……患者さんが押し掛けてしまい、先生お一人で診るのがえらくてお疲れになってらっしゃるとか?

【歯科医】アンタなー、見てみー。診察室やこう、相変わらず閑古鳥状態や。どこに、患者がおんねん。これで疲れたら、ホンマ、アホや。えらいことゆうんはなー、一大事やゆうこっちゃ。ホンマに、日本語も通じんのんかいな、この東京ゆうとこは。

【営業】い、一大事とおっしゃられますと?!

【歯科医】そうやがな、そうやがな。アンタもそこまで真剣な顔になってくれんと。ホンマの一大事なんやさかいに……

【営業】ハイ、不肖この私、一命に替えましても先生の一大事に処す所存でございます。

【歯科医】アンタの命貰うてもしゃーないんやけど、マー聞きなはれ。問題はなー、デンタル預金の加入者の中に一人元大学紛争闘争家のオバハンがおってな、コレがごっつう頭えんや。何せ、アノ赤門大学の法学部中退や。そいでもってな、加入者のほとんどを丸め込んでデンタル預金宝くじ民主化同盟ゆうんを組織しくさったんや。

【営業】デ、デ、デンタル預金宝くじ民主化、ど、ど、同盟⁉　略して「デ民同」ですか？

【歯科医】アンタ、冗談ゆうとるときやないねん、今は。で、そのデ民同のオバハンやがな、デンタル預金で歯の治療する奴らの中から、金歯入れたりセラミックの差し歯したりして保険診療外で値段が高うなる予定の患者を毎月二人だけ選んでな、きっかりその二人だけをウチに治療にこさせとんねん。

【営業】と、いいますと、Dマネーで先生のところに治療にこられる患者さんは毎月二名だけで、しかも金歯など保険

診療外の高額治療をお受けになる……。ところが、先生のところでは毎月第一月曜に水着で抽選会をお開きになって、前月の患者さんの中から一等お一人を全額タダに、二等お一人を半額になさっていらっしゃる……え、えー、これはトンでもない一大事!!

【歯科医】せやさかいに、えらいことになっとるゆうたんや。保険でもまかなえん金歯、毎月ワシが慈善事業さながらにタダで入れてやっとんのやが。ワシ、もう破産してしまうがな。

【営業】イヤー、その元闘争家の方は、なかなかのやり手ですねー、そこまで加入者をまとめてくるとは。しかし、先生、どうかご心配なく。私も伊達に帝都西北大学で弁論部に所属していたわけではございません。

【歯科医】へー、帝都西北大の弁論部ゆうたら、歴代の総理大臣を輩出した有名なとこやないけ。

【営業】ハイ、いささか口が軽すぎて退陣に追い込まれるというパターンが多いのですが、先輩の中には総理総裁経験者から闘争家潰し専門まで、幅広い人材がおります。

【歯科医】ホー、こらまた大したもんやなー。見直したがな。せやけど、その闘争家潰し専門ゆうんは何やのん？　初めて耳にするがな。

【営業】ハイ、これこそが先生を窮地からお救いする唯一の方法でございます。読んで字の如く、闘争家潰し専門といいますのは、今回のように闘争家に丸め込まれてしまった組織に入り込み、巧みな話術であることないこと闘争家の信頼を地に落とすような噂を信じ込ませる闇の人材のことでございます。幸い、私が昔に恩を売っておいた先輩が闘争家潰し専門で活動しておりますので、早速内々に依頼しておきます。どうぞ、先生はこのような闇の世界のことなどお忘れになって、どうか二、三日のんびりとお待ち下さい。来週以降は闘争家に送り込まれる金歯の患者さんもピタリとこなくなること請け合いますので。

【歯科医】そうか、そら助かるわ。いや、もうこんな困ったんは、外人の旅行者が飛び込んできおったとき以来やさかいに。

【営業】外人とおっしゃられますと、金髪美人とか……

【歯科医】アンタも好きやなー、ホンマ。外人ゆうて、これがかっぷくのえー男でな、何でもマイクロソフトクリームゆうアイスクリームの会社をアメリカでやっとるいいおったわ。商談で東京にやってきたんはえかったんやが、やっぱアイスクリーム屋の社長ハンだけあってな、虫歯だらけなんや、これが。そいでもって、ホテルにおったら夜中に急に痛うなったゆうてな。

【営業】しかし、都心の一流ホテルのお客だったその外人の方が、いったい何故この23区の外れまでこられたのですか？ それも深夜だというのに。

【歯科医】それやがな、アンタ。いくら都心の高級ホテルゆうてもな、深夜に歯疼いとる泊まり客治療できる歯医者も設備も持っとらんわ。もちろん、そんな時間に開いとる歯科医院もないわ。そいでもって、困り果てたホテルの支配人が騒ぎ立てとるのを、たまたま大阪から社用で上京しとったワシの大学の拳法部の先輩が耳にしたんや。その先輩、昔から親分肌で、人が困っとったら放っとけん質《たち》でな、それやったらワシの後輩が東京23区内で歯医者しとるさかいゆうて、支配人といっしょにその外人をハイヤーで連れてきおった。深夜の2時になー。

【営業】それは、それは。美談ではありませんか、先生。

【歯科医】マーな。ワシも深酒して寝とったさかいに、頭から水かぶって目醒ましたんやが、その外人さん黒沢監督の映画の大ファンでな、「アカヒゲ、アカヒゲ！」ゆうて喜んどるんやが、これが。マー、ワシも満更でもなかったし、えろう張り切って治療してあげたんや。そしたら、外人さんごっつう感謝してくれてな、0がぎょうさんついた金額の小切手をくれようとするさかいに、ワシが慣れん手つきで治療費計算してコレコレの金額だけくれゆうたら、目玉丸うして吃驚しおったんや。

【営業】いやー、さすがはご近所で悪徳強欲歯科医の評判の高い先生のこと、治療費の高さにさすがのアメリカ人も度肝を抜かれたのでしょう。

【歯科医】アンタ、何ゆうとんねん。そんときはなー、ワシもまだ目が醒めきらんかったんかもしれんが、正直にかかった金額だけを請求したんや。それに、相手は旅行中の外人さんや、旅先でいろいろと物入りや思うて、初診料も取らんかったくらいや。

【営業】では、なぜ吃驚されたのでしょう?

【歯科医】イヤ、それがなー、アメリカでの平均的な治療費から見ると、ほとんどタダ同然に安いゆうて目丸うしとったんや。しかしな、初診料取らんゆうても、相手は日本の保険に入っとらん外人の旅行客やさかい、ワシちゃんと診療費用は保険対象外で計算しとったんや。せやから、普通の三倍以上の値段にはなっとったからな、日本人の患者が見たらそれこそ悪徳強欲歯科医ゆうことで非難囂々《ごうごう》や。それをな、こんなに安うて安全で腕のいい歯医者は見たことないゆうて、抱きついてきおんねん。

【営業】セ、セ、先生! そんな大事なお話、何故もっと早く私めにして下さらなかったのですか。実に、水くさいじゃありませんか。もうちょっとで、凄いビジネスチャンスを失ってしまうところでした。イヤー、滑り込みセーフ。

【歯科医】大事な話ゆうて、こんなんアホらしいバカ話やんけ。

【営業】イエイエ、さすがは先生、何気ないお話一つとりましても、私どもには目から鱗の、実に示唆に富んだご教示となります。社長はじめ、社員一同日頃から敬服いたしております。

【歯科医】ソウなんか、ソウかいな。目から鱗かいな、ワシのバカ話が。マー、ワシも町内では隠れた賢者ゆうことでとおっとるさかいな一、そないなこともあるんやろう。ホンで、鱗がとれて、いったい何が見えたんや？　ワシにも見えるようにしてんか……

【営業】これは、これは、大変失礼いたしました。どうも、久々のビッグなビジネスチャンスを前にして、年がいもなく興奮しておりました。お許し下さい。では、先生にご教示いただきましたことをかいつまんでご説明させていただきます。

【歯科医】アー、頼むで。要領ようやってや。賢者にもわかるようにな。

【営業】私どもの社長、かねがねアメリカ進出の機会をうかがっておりました。死ぬまでに一度金髪の白い肌を……、あっ、いえ、一度アメリカで人肌上げたいと申しまして。

【歯科医】アンタとこの社長ハン、好きモンやさかいなー。そいで？

【営業】ハイ、そこでかねてより私ども営業部員一同にハッパをかけて、アメリカ進出のビジネスチャンスを見つけたときには間髪入れず、営業本部長をとおり越して直に連絡するようにと命じておりました。そこに、先生からのありがたいご教示を頂戴しましたわけでございます。

【歯科医】なるほどなー、そんでアンタもあないに慌てとったんやな。せやけど、ワシが教示したゆうんは、ホンマに金髪と何すんのに使えまんのか？

【営業】先生、どうか誤解のありませんように。目的は金髪ではなく、あくまでビジネスでアメリカに進出することですので。

【歯科医】そんなん、わかっとりまんがな。ちょっと、おもろうゆうただけやんか。マー、アメリカ進出がうもういったときには、そんなエー目にもあいたいもんやけどな……

【営業】先生にご教示いただきました先ほどの外人さんの歯の治療の件でございますが、急ぎ社に帰りまして、社長にはこのように提案させていただこうと考えております。

【歯科医】フン、どないにゆうねん？

【営業】ハイ、私どもの社がアメリカに進出いたしまして、アメリカ人相手に世界初のデンタル外貨預金を展開いたします。名づけてデンタル外貨預金「ゲイシャデンタルアカウント」です。

【歯科医】外貨預金ゆうんは、外資系の銀行の営業がよう勧誘しにきおるけどなー。確か、ドル建てやユーロ建てで預ける預金やさかいに、預けるときは手持ちの日本円をドルやこうに替えんといかんし、引き出すときにもドルを円に替えんといかんらしいなー。そいでもって、銀行は二度も手数料取れるゆうてホクホク顔や。せやけど、今の日本の銀行金利見とったら、アホらしいて定期預金やこうする気にもなれんしな。ドル建ての外貨定期預金やったら年利7パーセントゆうとこもあるらしいし、為替手数料二重に取られても円建ての普通の定期預金よりはズッとましやがな。たとえ為替変動によるリスクがあるゆうても、コラーかなり魅力的なはずや。せやけど、アンタ、こりゃー日銀のアホなおっさんが能無し金利無しの無策を続けとる日本やから意味のあるこっちゃ。バブルの頃の郵便貯金みたいに8パーセントを超える金利をつけとる今のアメリカで、わざわざ強いドルを弱い円に替えて、その上ほとんど金利のつかん日本で運用する外貨預金やこう、誰がするもんかいな。アンタ、強欲社長ハンに笑い飛ばされまっせ。

【営業】先生、ご指摘誠にごもっともでございます。確かに単なる外貨預金でしたら、アメリカ国民にとっては全く意味のないことでございます。しかし、「ゲイシャデンタルアカウント」はあくまでデンタル外貨預金でございまして、アメリカに住んでいらっしゃる皆様が円建てで我が社のデンタル預金「おあずけ君」や、デンタル金利宝くじ預金「あたるかも君」に加入いただける歯科治療を目的とした特定目的の外貨預金でございます。従いまして、運用金利は最低でも年利10パーセントと、アメリカ国内の高い預金金利と比べましても決して引けをとってはおりません。

【歯科医】フーン、まー金利はエーとして、アンタなー、歯の治療するのにワザワザ飛行機に乗ってホテル代払うて日本にくるアホが何処におるねん？　そんなん、アメリカで歯医者に行ったほうが得に決まっとるがな。

【営業】そこでございます、先生。先ほどの先生からのご教示にもございましたが、私どもの業界でもアメリカでの歯科治療費の高騰は話題になっております。これはアメリカだけではなく、ヨーロッパなどの先進諸国に共通した悩みのようです。実際、あちらの大手の旅行代理店である「北極海クラブ」さんでは、歯科治療を兼ねた夏のバカンスを中米やアフリカの都市部で過ごすツアーまで企画されておいでですから。

【歯科医】ホー、そらまた豪勢なこっちゃ。マー、欧米の連中ゆうたら、平気で何週間も夏休み取るさかいなー。どうせ遊びに行くんやったら、ついでに歯の治療しとこうか思うかもしれん。おまけに、アメリカやヨーロッパよりも安うにできるんやったら、ホンマ一石二鳥やがな。これなら、アンタのゆうたデンタル外貨預金もわからんこともないなー。

【営業】ありがとうございます。実は我が社の極秘調査によりますと、せっかくバカンスを兼ねて歯の治療に参りましても、中米やアフリカでは結構治療ミスも多く、また他の感染症や治安の心配もございまして、今ひとつブレイクできないとか。そこで、先ほどの先生からのご教示が生きてくるわけでございます。

【歯科医】なるほどな、そうゆうことやったんか。ワシの戯れ言から拾い上げたアイデアゆうんは。確かに、日本くらい治安のエーとかーないし、自分でゆうのも何やが、器用な日本人歯科医の腕は世界一や。そいでもって、アメリカやこうに比べたら治療費も驚くほど安うて、診療設備も近代的で衛生的や。感染症の心配やこう、どこにもアラヘン。こらー、アンタ、エー話やないけ。早うに、社長ハンに教えたり。ごっつう、歓びおるわ。

【営業】先生にそういっていただけましたら、百人力でございます。それでは、今日のところはこれで失礼させていただき、すぐに私どもの社長と膝詰め談判いたします。世界初のデンタル外貨預金「ゲイシャデンタルアカウント」、いやー、我が社の金融顧問であるスイスイ銀行の連中が目を丸くして私にひれ伏す様子が目に浮かぶようです。先生のおかげでございます。ご恩は一笑、いや一生忘れません。

【歯科医】アンタ、そないにゆうてくれるんやったらな、一つだけ頼みがあるんやけどな。

【営業】ハイ、如何様なことでも……

【歯科医】アンタとこの会社でアメリカやヨーロッパに進出してな、そいでもってデンタル外貨預金のお客がぎょうさん集まったとするわ。そしたら、当然やけど、その人らーを東京にバカンスでこさせといて、観光見物の合間に歯の治療することになるわなー。

【営業】ハイ、もちろんそのようにさせていただくつもりでございます。

【歯科医】フン、そしたらな、どうせアンタとこの強欲社長ハンのこっちゃから、ワシら東京近郊の流行っとらん歯医者叩いて安うに治療させるゆうんは見え見えなんやけどな。コレ、あんまし大きい声ではいえんのんやが、あんじょう社長ハンにゆうてな、デンタル外貨預金で東京に治療にくる外国の患者さんのうちな、ワシが金髪美人だけ専属で治療するゆうんはどないやろか？　何やったら、プールサイドで日光浴しながら歯の治療できますゆうてもろうてもえんやさかい。

【営業】そのようなことでしたら、おやすいご用です。それに、今回のデンタル外貨預金の素晴らしいアイデアを頂戴した先生からのご提案ということで、私どもの社長も是非にそうしていただきたいと申すはずでございます。マー、ひょっとして、自分も臨時の歯科助手ということで、日焼け止めクリームを塗り込む係りをさせろとはいうかもしれませんが……

デンタル保険

くだんの歯科医院では、捕らぬ狸の何とかで、受付嬢から歯科助手にいたる全員に英会話の特訓が始まっていたが、診察室では相変わらず閑古鳥が鳴いていた。

【営業】先生、これはこれはお力の入ったことで。もう、アメリカ向けのデンタル外貨預金「ゲイシャデンタルアカウント」のための準備に入られたとは……

【歯科医】マーな。それにな、デンタル金利宝くじ預金の人気も一段落しおったし、暇なときに金髪美人をぎょうさんお迎えする準備しとかなあかんからな。ところで、今日はまた、何ぞおもろい話でもあるんかいな？　それとも、ホレ、ウチの美人の歯科助手の娘、口説きにきたんとちゃうか？

【営業】いえいえ、滅相もございません。今日は、このたび私どもの社で販売することになりました患者さん向けの新しい保険につきましてご説明に上がりました。

【歯科医】患者向けの保険ゆうたら、アンタが前からひつこう勧誘しとる医療ミス賠償保険やアラヘンのやな。

【営業】ハイ、さようでございます。医療ミス賠償保険は、あくまで先生方が万が一にも診療で間違いをされてしまい、患者さんやそのご家族の方々から責任を追及されました場合、示談交渉から裁判での弁護士費用、さらには賠償金までをトータルにカバーする保険でございまして、そのぶん掛け金もお高くなっております。

【歯科医】ホンマや。アンタとこの医療ミス賠償保険なー、掛け金から0が一つ消えてくれたら考えんこともないねやが……。マー、医療ミス賠償保険ゆうたってな、ワシとこみたいに閑古鳥が鳴いとって、ほとんど診療しとらん医者には無用の長物や。

【営業】いえいえ、先生のところもこれからではございませんか。今に金髪美人が押し掛けて参りまして、先生お一人ではとても身が持ちませんこと請け合います。

【歯科医】マーな、ワシもごっつう期待してまんがな。アンタ、早うにデンタル外貨預金始めといてや。ところで、何の話やったんかいな、今日は?

【営業】ア、これは大変失礼いたしました。私どもの新商品デンタル保険でございました。これは、新たに金歯を入れられる患者さんのために、あるいは既に金歯を入れておいでの患者さんのために設定されました歯科保険でございます。

【歯科医】何や、ソレやったら今までなかったんが不思議なくらいや。金歯新しゅうに入れたんはエーけど、次の日に外で飲んどったらポロッと取れてしもうたゆうこともあるさかいに。そんなときに、アンタとこのデンタル保険が役に立つゆうんやな。万が一ポロッと取れた金歯飲み込んでしもうたゆうても、あるいはゲロといっしょに吐き出してしもうても、また新しゅう金歯してくれるわけやろ、タダで?

【営業】はー、一応そのようにはなっておりますが……

【歯科医】何や、えらい歯切れが悪いなー。アンタ、どこぞに虫歯でもあるんと違うか? いっぺん診てみたろか?

【営業】いえいえ、先生、私は虫歯など一本もございません。

【歯科医】ホンマかいな。どおりで歯医者泣かせの顔しとるわ。しかし、虫歯ないんやったら、もそっと歯切れようにしたらエーがな。歯切れように……

【営業】ハイ、これは失礼いたしました。実はですね、先生。私どもがこのたび売り出しますデンタル保険「金歯でキラリ」は、我が社の金歯をお入れになっている患者さんのみを対象にいたしました貯蓄型保険でございます。従いまして、もちろん万が一金歯を紛失された場合の保険としても機能いたしますが、掛け捨てではございませんで、保険期間の満期日には患者さんにお支払いいただいた掛け金の全額プラス運用益の金額を払い戻させていただきます。しかも、運用益は例えば10年満期のデンタル保険で、銀行さんの10年ものの定期預金の金利よりも高い額を保証させていただきます。

【歯科医】ホー、そらまたエー話やないけ。定期預金よりも高い金利で安全に運用できるんやったら、誰でも飛びついてきおるわ。しかしナー、アンタとこの高い金歯入れた患者さんだけしか入れん保険やったら、加入者の数はしれとるがな。ホレ、だいぶ前に金歯入れかけとったオッサン、憶えとるやろ。アンタとこの会社から送られてきおった金歯の価格表見せたら診察台の上で卒倒しおったがな。そいでもって、気付け薬かましても目ー醒ましおらんさかいに、大慌てで救急車呼んだんや。もう、近所中の評判やったがな、またアノ藪歯医者が診療ミスしおったゆうてな。大体がやなー、ウチがこないに閑古鳥鳴くようになったんは、そんとき以来や。

【営業】誠に申し訳ございません。ちょうどあの日は東京の金市場が高騰いたしておりまして、運悪い日にぶつかってしまいました。しかしですね、このたびのデンタル保険「金歯でキラリ」に加入され、銀行さんの定期預金よりも高利回りかつ安全にお金の運用が可能だということになれば話は別でございます。たとえ健康保険が適用されますアマルガムに比べて高い印象のございます金歯でも、高利回りの貯蓄型デンタル保険に加入できるならということで、今後は金歯になさる患者さんが右上がりに増えて下さるのではないでしょうか。その辺の金歯普及効果を考えに入れまして、スイスイ銀行の開発部隊のお力添えでギリギリの線の安定高利回りを確保できておりますので。

【歯科医】なるほどナー。そういうことやったんかいな。このデンタル保険ゆうんは、アンタとこで運用益狙うとるわけやのうて、どっちかゆうたら金歯入れる患者さんの開拓のためにあるんやな。そいでもって、運用益のほとんどを加入者に還元しとるさかいに、そないな高い金利つけられるんや。フーン、それならおもろいかもしれんナー。確かに、そないな保険があるんなら、どうせ入れるならアマルガムやめて金歯にしてもエーゆう患者さんおるやろし。それに、ワシかてホンマは患者さんにエーもん使うてあげたいんや。せやけど、アンタとこの金歯高うて、ワシも結構気ー使いながらな、「アンサン余裕あるんやったら金歯にしとったほうがエンやがなー」ゆうて患者の顔色と懐具合観るのに疲れとったわ。これからは、もっと気楽に金歯勧められるがな。

【営業】先生、ありがとうございます。そのようにおっしゃって下さり、不肖この私、感涙にむせぶ思いでございます。

【歯科医】アンタなー、ちょっとオーバーやで、涙がちょちょぎれるやこう。それよりナ、一つ教えたってんか。ワシの首にもぎょうさん生命保険掛かっとるし、中にはアホな掛け捨てのんもあるんやが、ほとんどは満期日にかなりの金額が戻ってきおる。それにナ、横町の郵便局の兄ちゃんがワシがおらん間によう家に上がり込んどるらしいんやが、これがちょっと男前やゆうて、嫁ハンがぎょうさんと養老院保険やら学費保険やらに入っとんや。

【営業】アー、私も時々お会いします。なかなかハンサムな方で、この前こちらの受付口のほうにデンタル預金の加入者さんたちが行列を作られてましたもので、奥のお勝手口のほうから入らせていただこうと思いましたときにも中にいらっしゃいました。そういえば、奥様がビールを抜いてらっしゃったので、てっきり弟さんが郵便局にお勤めなのかと……

【歯科医】ナ、ナ、何やて！　あのアホが昼間からビールまで飲みくさっていきおったんか。クソー、ワシが汗水して働いて買うといたビールやのに。

【営業】 先生、お言葉ではございますが、ラベルからしてあれは私どもの社のほうからのお中元で差し上げたビールではなかったでしょうか?

【歯科医】 何や、それならエンやがな。それよりナ、ワシ前からごっつう不思議やったんやが、養老院保険にしても学費保険にしても、いわゆる貯金やのうて保険やないけ。それが何で、結果的ゆうか、狙いがそこにあるゆうんか、貯金代わりに使われても構へんねん? 保険ゆうからには、一応何かうもういかんかったときに保険金払うてくれるんやろうに……

【営業】 先生、保険と申しましても、保険会社が受け取りました掛け金は、運用部門によって様々に運用されて将来保険金として払われたり、満期償還金や配当金として返却されることになり、保険会社自身の利益もそこから生まれていくわけでございます。郵便局さんがやっておいでのいわゆる官意保険もれっきとした保険でございまして、必要時に支払われる保険金の金額設定や満期償還金の設定、あるいは配当金の利率などによっていろいろなものがあるようでございます。中でも、このご時世ですので、10年20年先にヨイヨイになって養老院にご厄介になろうにも、そのときまでに費用が捻出できそうもない、しかしそれまでにポックリ死んでしまうことはまずないという方々は、保険金の一時前払いや付加的な特典などなくても、満期日に掛け金に等しい保険金がかなりの配当金とともに戻ってくるほうがおよろしいわけで。そういう方々向けにアレンジされているのが養老院保険でございます。

【歯科医】なるほどナー。どうせ、保険会社のほうは裏で高利貸しでも何でもしくさって、そいでもってかなり悪どうにお金膨らましおるさかいに。そんでもって、運用する資金がなかったら話にもならんわけや。困っとる庶民見つけたら、どないにしたらコイツらの金巻き上げられるか考えおってナ、やれ養老院保険や学費保険や、あるいは最近車屋がゆうてきとる「もどりゃんせ」とか何タラゆう車の任意保険なんぞ売りつけにくるんか。

【営業】ハイ、お察しのとおりでございます、先生。いつぞやご指摘のございました安定経済社会におけるリスクのない金利につきましての基礎のところでも出て参りましたが、元手無しでお金を増やすことは不可能でございます。個人にしましても、会社組織にしましても、あるいはお役所にしましても、お金を増やすためにはまず元手となるお金が必要となります。

【歯科医】せや、せや、残念ながらお金のホワイトホールはできんのんやった。

【営業】ハイ、そこでございますね、先生。この安定な金融経済が営まれているはずの我が国において、お金儲けしたい場合には、まず他人のものであろうが自分のものであろうが、あるいは横町に落ちていたのを拾ってこようが、とにかくたくさんの資金を準備する必要があるわけです。マス効果と申しまして、元手が大きいほど金利も有利となるのが常でございますし。また、値上がり率の大きな店頭株で運用しようという場合にも、一株の価額が1億円を超えたの超えないのと騒いでらっしゃるＩＴ銘柄の雄ヤッホーさんの株ですら買えるわけでございます。

【歯科医】何や、そうやったんかいな。3年契約の任意保険「もどりゃんせ」にしたら、3年後にお金が戻ってきまっせゆうやつやって、ワシら庶民にせめて小遣いくらいぎょうさんにしたろかゆうて設定してくれとんのやないネンな。養老院保険やて、そいから高校入学時や大学入学時の物入りなときに保険金の一時前払いがあるゆうて勧誘しとる学費保険ゆうたって、子供の学費に困っとる世間のぎょうさんの親御さんのタメにあるわけやないネン。ゼーンブ、金儲け企んどるヤツらがマス効果上げよう思うて、ぎょうさんこと資金集めしとるだけやないけ。

【営業】ハイ、さすがは先生。お見事な推理でいらっしゃいます。

【歯科医】しかしナー、ワシ何か寂しゅうになってきたわ。郵便局ゆうたら国のお役所やないけ。それが、金儲け企んで、庶民のなけなしのお金巻き上げて懐肥やしおるやこう。許せんわ。裏で上手に運用するんやったら、その運用益の全部をワシら庶民に戻したったらエンやが。それを、市中金利に毛が生えた程度にするやこう、こりゃー立派な犯罪や。

【営業】先生、運用益どころか、私ども庶民から体よく取り上げた資金は、そのまま国のお金にされてしまい、あちこちで無駄なことに消えていってしまっております。まさに、世も末でございます。

【歯科医】ホンマ、腹立つナー。これも、最近の政治家が皆政治屋に成り下がってしもうたからや。昔の政治家は私財なげうっても世のため人のため国のために尽くしてくれたもんヤ。それがナー、この頃はドイツもコイツも税金使うて私財肥やしおるだけや。ヤツら、天罰でマスかいて死にくさったらエンや。これが、ホンマのマス効果や。

【営業】……⁉

デンタルローン

くだんの歯科医院では、息せき切って飛び込んできたいつもの営業スタッフが、大汗をかきながら話し始めていた。

【営業】先生、社のほうからの緊急連絡がございまして、不肖この私め、銀座ではやりのデンタルビューーティークリニックさんでの打ち合わせを明日に引き延ばして馳せ参じましたでございます。

【歯科医】へー、銀座のデンタルビューーティークリニックゆうたら、七色のマニキュアを女子大生の歯に塗るゆう、無茶苦茶な商売始めたとこやないけ。何でも、ガングロの次は七色仮面やゆうて……。ワシの南河大拳法部の後輩が女子大の講師やっとんのやがな、そらモー、ごっつう気持ち悪いらしいで。ぎょうさんのガングロ女子大生が教室でいっせいに笑うたらな、どの口ん中も全部虹色に光っとる……。

【営業】イヤー、それは見たくない光景でございますネ。しかし、どうも女子大生本人連中はあれが格好いいというふうに洗脳されているのでございましょう、デンタルビューティークリニックには若いガングロ娘たちが長蛇の列を作っておりました。テレビ局のカメラまできておりましたから、ますます流行ってしまうのではないでしょうか。

【歯科医】ホンマ、世も末やなー。幾ら金儲けのためとはゆうてもナ、ワシらみたいにまともな歯科医はガングロ娘の歯に虹色のマニキュア塗るやこう、アホらしゅうてようせんわ。それを七色仮面とか何とかゆうて、マスコミも使うて流行らしてまで自分の病院大きゅうしたいかなー、銀座の歯医者は……。情けないモン、あるなー。

【営業】誠にごもっともでございます、先生。さすがは「武士は喰わねど高楊枝」の心意気をお持ちの先生なればこそのご正論、私またまた感服たてまつりました。

【歯科医】アンタなー、ようそないに浮いた台詞いえるナー。どうせデンタルビューティークリニックの成金歯医者にヤナー、虫歯防止用のマニキュアに色つけて倍の値段で売り込んだんは、アンタとこの強欲社長ハンやないんか？

【営業】イヤー、先生。推理の方も名探偵明智小五郎顔負けでございますね。まさにご推察のとおり、売れ残って処分寸前の運命だった何トンもの虫歯予防のためのエナメル皮膜に着色剤を放り込んで、銀座のデンタルビューティークリニックに持ち込めと指示しましたのは、私どもの社長でございます。何でも岡山あたりの学生さんの発明だった虫歯予防のエナメル皮膜を岡山県が事業化しようとして失敗し、結局ブローカー経由でウチの社が引き取ることになったモノだそうでございます。

【歯科医】ヤッパ、小早川の末えいのやりそうなこっちゃナー。マア、最初の思いつきまではエンやがナー、後がイカン、後が。やっぱ、ずるがしこいだけでは世の中渡っていけんゆうこっちゃ。アンタ、知ってるかいな？　あのカラオケボックス、世界で最初に考えついてやり始めたんは、岡山やったんやで。しかしナー、今ではそないなことは誰も知らんし、カラオケボックスの全国チェーン経営しとんのんは名古屋や大阪の奴らやがな。小早川の血が流れとるさかいにナ、カラオケボックスでも歯のマニキュアでも、岡山人だけで独り占めしよう思うてコソコソやんねや。せやけどナ、そないにコソコソやっとるだけやったら、何の発展性もないゆうことを理解できんのんやナー。結局は、皆さんといっしょにこの仕事流行らしていきまっせゆう熱意が見えへんさかいに、いっつもうもういきまへんねや、岡山の発明は……。いっぺん岡山県が「燃えろ岡山」ゆうキャンペーン張っとったことがあったんやけどナ、田圃で田植えしとった爺さんがテレビのニュースでゆうとったがな。「岡山の人間は燃えんのんじゃ」ゆうて。

【営業】ハー、先生の博識には私もただただ驚くだけではございますが……ところで緊急に私めをお呼び下さったのは、ひょっとして関ヶ原以来の小早川の悪業を暴かれるためだったのでございますか……？

【歯科医】アンタなー、アホなことゆうて、ワシをからこうとんのやろ。岡山の悪口やったら、何もアンタ呼びつけんかて、そこのカマトト銀行東京支店に押し掛けたらすむんや。イヤな、急いできて貰うたんは他でもないんヤ。今日の昼前のこっちゃ。珍しゅう初診の患者がきおってナ、そいでもってワシがリキ入れて診察したったんやが、これが虫歯中口だらけゆうか、口開けた途端に助手の娘は卒倒するし、大変やったんや、ホンマ。

【営業】なるほど、それで倒れた美人の歯科助手の方の介抱を私めに仰せつけ下さるというわけでございますね、先生。イヤー、銀座のデンタルビューティークリニックでガングロ七色仮面の女子大生眺めておりますより、はるかに使命感溢れる思いでございます。

【歯科医】よう、そないなコト思いつきまんねんなあ、アンサン。倒れた助手の娘はワシが昼休みにあんじょう介抱したさかいに、もう心配あらへんねや。それよりナ、アンタにきて貰うたんは、その患者がこないに抜かしおったからなんや。

【営業】ほう、これはまた、どのように?

【歯科医】いやナ、正真正銘全部の歯が虫歯にやられとったさかいに、アンサンこりゃ一二、三ケ月通院してもろうて全部金属被せないかんナーゆうたとたんヤ。そしたらな、それやったら全部金歯にしてくれゆうてな。何でも、二駅奥の聖ウルトラ学院ゆう女子高の教頭しとるオッサンらしゅうて、最近流行始めた七色仮面の歯のマニキュアしてくる女子高生が出始めたゆうてナ、口の中虹色にしとるソイツらに説教するときに金ピカの大口開いてビックリさせたいらしいんや。はげデブのオッサンの口が金歯だらけゆうんを見たら、女子高生も七色仮面にするんをやめるやろうゆうてな。

【営業】ホー、それはまさに教育者の鏡ではございませんか。

【歯科医】そうなんや、ホンマ。何でもナ、しばらく前にガングロが流行り始めたときにもナ、こらー何とかせんとイカンゆうて、職員室で一番目立っとった女子柔道部顧問の丸々と太ってはったオバハン先生呼びつけたらしいんや。そいでもって、ボーナス倍出すけに、今週ずっと公費で日焼けサロン行ってナ、来週からはガングロ化粧で出校してきてくれゆうたんやって。そのオバハンがガングロで授業しとんのん見たそこの女子高生ナ、その後は誰もガングロにしようとはせんらしい。今回のオール金歯やってナ、いっぺん見たら誰も七色仮面の歯のマニキュアやこうせんようになるゆうて、その患者ハン本気で金歯にするゆうんや。

【営業】なるほど、聞けば聞くほどいいお話ではございませんか。それに私どもの金歯をまとめて何十本も入れて下さる患者さんでもあるわけでございますから……

【歯科医】イヤー、そいでもって、アンタにきて貰うたんや。実はナ、そのオッサン、そないな志だけは高いんやけど、何分にもしがない一介の教育者やさかいに先立つモンがないゆうてナ。そらマー、アンタとこの金歯確かに高いさかい、一本１３万円でざっと見積もったところが４００万円はゆうに超えとる。せやけど、治療は早う始めんといかんし、生徒の七色仮面やめさせるためにも、突貫工事で一ヶ月以内にオール金歯にしてもらえんやろかゆうていわはるしナー。

【営業】ハー、さようでございますネー。私どもといたしましても、特にその患者さんだけのために別途のお値段を設定することはできかねるのが実状でございまして……何分にも監督官庁の小役人が横並び主義の権化のようなお考えしかお持ちでないようで……

【歯科医】ソラー、しゃーないわナー。何せ、ほとんどが赤門大出て甲種官吏登用試験うかった連中やさかいに、脳味噌は固まってしもうとるさかい。せやけど、その患者ハンもお上やアンタの会社に頭下げてまで、金歯安うにして貰おう思うとるんやないみたいなんや。何でもナ、そのオッサンの小遣いが月６万円とかで、そん中から好きなお酒とタバコやめて４万円工面するさかいに、月賦でやって貰えんやろうかいわはんねん。

【営業】月賦？　これはまた懐かしい言葉でございますね、月賦とは。もう死語になっているかと思っておりました。何せ、最近は国語審議会の連中もあきらめムードでカタカナ用語の大安売りやっておりましたから。要するに、その患者さんは何十本もの金歯の代金をローンでお支払いになりたいのでございますね、ローンで？

【歯科医】せや、せや。ローンやがな。アンタ、400万円超えるゆうたら、こりゃー高級車の新車とおんなしやないけ。車やったら、ホレ自動車ローンゆうんがあって、年利2パーセントの低利で購入代金貸してくれまんがな。そいでもって、3年か5年の間月々何万円か払い込んだら終わりや。車売っとるディーラーも車が売れてメデタシ、車買う奴も新車にすぐに乗れてメデタシ、自動車ローン組んでる金融業者も利子が入ってきてメデタシやで。それと同じこっちゃ。何で金歯にローンがないんや？

【営業】ハー、お言葉ではございますが、先生。新車をローンで購入いたしましても、ローンが終了するまでの3年とかの間はでございますね、登録書類上その車の所有者はあくまで金融業者あるいは車のディーラーということになりまして、ローンでご購入された方はあくまで書類上は車の使用者ということで運転なさるわけでございます。住宅ローンでマンションや一戸建ちをお買い求めになられる場合も同じことでございます。金融会社が無担保のローンを設定できますのは、このように監督官庁における登録書類上におきまして、所有者と使用者が異なる場合には所有者をお金を貸す側、使用者をお金を借りる側にする場合だけでございます。

【歯科医】フーン、やっぱアンタだてに帝都西北大学の経済学部出てはんのやないねんナー。ローンのことかて、エライ詳しいやないけ。

【営業】イエイエ、先生、誠にお恥ずかしい限りではございますが……不肖この私めがローンについて人一倍詳しくなりましたのはでございますね、大学生のおりに帝都西北大の近所にありました学生ローンで遊ぶ金を借りまくったあげく、親兄弟にまで迷惑をかけてしまいまして……

【歯科医】何や、そないにボンボンみたいな顔してはるから、何も苦労してはらへん思うとったんやけど。アンタも結構苦い経験積んできはったんやナー。見直したがナ……。しかし、せやったら、このオッサン何とかしたったりーな。何とか……

【営業】ハー、金歯の場合はでございますね、登録もございませんし、所有者と使用者はどちらも同じ患者さんということで、無理矢理ローンを組みましても担保物件が必要となるのではないでしょうか？

【歯科医】アンタなー、歯医者きて金歯入れる患者ハンつかまえて、アンサン担保ありまっかやこう、ワシようゆわんわ。

【営業】ごもっともでございます、先生。しからば、このようにしては如何でございましょう？

【歯科医】このようにゆうて、どないに？

【営業】ハイ、これは社のほうに帰りまして、法律顧問に商法上の問題があるかどうか確認してまいりますが、例えば先生の歯科医院をでございますね、商店としてカード信販会社に登録してもらうわけでございます。

【歯科医】カード信販会社ゆうたら、ウチの嫁ハンもぎょうさん持っとるやっちゃナ。ホレ、アメ横カードとか膝上カードとか……

【営業】さようでございます。例えば先生の病院がアメ横カードの提携商店として認められますと、駅前商店街の時計屋さんとか電気屋さんの店先と同じように、お馴染みのアメ横カードの看板やステッカーを貼ることができまして、患者さんは治療費を現金でなくてアメ横カードを使って払うことができるようになるわけでございます。

【歯科医】ソラーごっつう便利やなー。おまけにヤデ、ワシ前から気にしとったんやが、衛生的なんが売り物の病院で現金のやりとりすんのんはおかしいワ。支払いが全部カードになるんやったら、いちいち患者ハンから治療代貰うた後に消毒薬で手ー洗う手間が省けまんがな。

【営業】ハイ、さすがにプロの中のプロ、歯科医の中の歯科医でいらっしゃいますネ、先生は。

いつのときも患者さんの衛生面に気を使っていらっしゃる……イヤー、またまた敬服いたしました。

【歯科医】そうかいな、そうかいな。マー、いつも思うとることがポロッと出ただけやけどナ。しかし、アメ横カードで診察代払えるんは、ホンマエーこっちゃ。

【営業】さようでございます。それにでございますね、先生。カード信販会社では、予め会員登録時に一応の資格審査をすませておりますので、例えば先生の病院で歯の治療をされた患者さんがアメ横カードで治療費の精算をなさる場合、６回分割払いとか１２回分割払いを希望されればわずかの金利で自動的にローンにすることも可能となりますです。

【歯科医】なーんや、要するにアメ横カードとかのカード信販会社にウチが加盟しとったら、全部金歯にするオッサンも３６ヶ月のローンで治療費払うことができるわけか。なるほどナー、アンタ、ワシごっつう見直したがな。こらー、オッサン喜びおるわ。

【営業】ハー、しかしでございますね、先生。これはあくまでカード信販会社が歯科医院を加盟店として認めた場合の話でございまして、私、現実にそのような歯科医院があるとは聞いておりません。

【歯科医】何や、せっかくエー話や思うとったんやけど、実際にそんなんないんやったらアカンがな。それより、アンタもいっぺんは学生ローンで地獄を見てきた男やないけ。ここは、何とかアンタの会社であんじょう考えてやなー、せめてアンタとこの金歯入れる患者ハンだけを対象にした金歯ローン設定したげたらどないや？　アンタとこに監督官庁から天下りしてきはった常務がおるやないけ、そいつにゆうて、金歯を登録制にするんやが。そいでもってナ、この金歯の使用者は誰々、所有者はアンタとこの会社かウチの病院ゆうことにできるようにしたら担保かていらへんねやろ？　ローンの金利は車並にしといたらエーがな、簡単なこっちゃ。

【営業】イヤー、さすがは先生。またまた目から鱗でございます。確かに、私どもの金歯を入れて下さる患者さんに限定して、自動車ローンと同じ低利のローンで治療費をお貸しするというアイデア……。これまた、スイスイ銀行のプロも驚愕いたすこと間違いございません。世界初のデンタルローンの誕生でございます。イヤー、先生、誠に貴重なご意見をいただき、不肖私早速に社のほうに戻りまして営業本部長に提案させていただきます。いつもながら、本当にありがとうございます。先回の貯蓄型デンタル保険といい、先生は我が社の隠れた知恵袋でございます。

【歯科医】アンタなー、何ぼう誉めて貰うたところで一文の得にもならしませんねや。ワシのアイデア使うて儲けんねやったら、せめて金一封でも持ってくるんが礼儀やゆうもんやないけ。その辺のこと、あんじょう社長ハンにゆうといてや、ホンマ。

【営業】ハー……、取りあえず本日のところは失礼させていただきます。何やらウチの社の開発部隊が画期的な新製品の社内発表にこぎ着けたとかで、私めもしばらくは社にクギつけになるかもしれません。身体が空き次第、先生のところにイノ一番に駆けつける所存ではございますので、どうかお許し下さい。

【歯科医】そなことゆーて、この前の新製品、ほら、マスクの真ん中に男もんのパンツみたいに切れ込み入れよって、マスクしたままタバコ吸えますゆーやつなー、あれごっつう評判悪かったで。それに、よー考えてみー。マスクしとんは、たいてい喉が痛うてしとんや。そんなんが、なんでタバコ吸う気になるんや。ホンマ、アンタとこの開発部隊、アホちゃうか？そんな連中のこっちゃさかいに、今度の画期的な新製品ゆうたってしれとるがナ。

【営業】イヤー、面目歯大も、イエイエ、面目次第もございません。あのマスクは他の先生方からの評判も最悪でございました。ところが今回の新製品と申しますのは、まだ社内でも噂の段階ではございますが、何やらマスクをしたままでもビールのラッパ飲みができる画期的なものとかで……

【歯科医】アンタなー、ワシ急に頭痛うなってきおった。もう暫くはこんでエーさかいに、早う帰ってアンタとこのアホな開発部隊の手伝いでもしたってーな。ほな、サイナラ。

【営業】……

第二部　デンタルデリバティブ取引

金融派生商品（デリバティブ）

本邦初の貯蓄型デンタル保険が巷で話題になったおかげか、くだんの歯科医院も一時金歯を入れる患者で溢れ返った。しかし、第一波に続く第二波の患者も一段落した診察室には、再び閑古鳥が鳴き始めていた。

【営業】先生、ご無沙汰いたしております。その節は大変お世話様になりまして誠にありがとうございました。イヤー、先生のことは私どもの歯科金融商品開発部隊や、その研究委託先であるアノ世界に名だたるスイスイ銀行の専門家集団にまで伝わっております。ハイ。

【歯科医】ソーカイナ、ソーカイナ。マー、ワシの名前も世界の金融業界に轟いとるゆうこっちゃナ。

【営業】ハイ、誠にそのようで……

【歯科医】そいでもって、今日は何ぞエー話でも持ってきたんやな。スイスイ銀行の社外役員に就任してクレとか……

【営業】え、あのー、まだそこまでは……どうもスイスイ銀行の連中も人を見る目がありませんようで……。やはり外人さんたちですから、日本人の間の細かい気配りといいますか、そのような面での繊細さに欠けておるようでございます。私どもの社長も、その辺りの不満もございましてですね、この度スイスイ銀行に加えまして新たにアノ天下の村野証券さんにも業務委託することとなりました。

【歯科医】へー、村野証券ゆうたら超一流の証券会社やないけ。しかし、アンタとこスイスイ銀行と手ー組んだ思うたら、次には村野証券やろ。オタクの強欲社長ハン、いったい何やりはんのんや？　前にいっぺんだけお会いしたときにはナ、アンサン株だけは手ー出さんときゆうて、ごっつうにゆうてくれはったんや。せやのに、今度は株屋でも始める気になったんかいな？

【営業】はー、何でも先代が遺してくれた資産のほとんどを株ですってしまいましたようで、それ以来二度と株には手を出しておりません。この度の村野証券への業務委託と申しますのも、株取引とは全く違うことでございまして。

【歯科医】何や、どおりでおかしい思うたわ。アノ渋い社長ハン、いっぺんやった失敗やこう二度は繰り返さんお人やさかいナ。しかしナー、株もしはらへんのに、何で村野証券なんや?

【営業】ハイ、さすがは先生。実に鋭いところを突いてこられます。私も最初に営業会議で聞いたときには我が耳を疑ったものでございます。証券会社の雄、天下の村野証券に委託して、いったい私どもの社長は何を目指しているのかと。

【歯科医】全くやで。あの強欲渋チンが、ホンマに何おっ始める気になったんや?

【営業】ハイ、それがでございますね。先生のお力添えも頂戴いたしましたおかげをもちまして、私どもの社で発売いたしました様々な歯科金融商品は何とか滑り出し好調のようでございまして、デンタル預金やDマネー、それにデンタル金利宝くじ預金からデンタル保険まで、十二分の手応えがございました。波及効果としましても、これまで先生方からも患者さんからも敬遠されておりました我が社の金歯が、デンタル保険発売と同時にグングンと右上がりに伸びていきまして、社長も大いに気炎を吐いたわけでございます。

【歯科医】そらまた、ごっつう気持ち悪い図やなー。アノ強欲社長ハンが鼻息荒うに気炎上げとるやこう、まるでゴジラかキングギドラやないけ。

【営業】先生、これはまたお上手な。確かに、私もキングギドラを思い出しまして、笑いを噛み殺すのに大変でございますが、そのキングギドラがですね、一連の成功に味をしめまして、更なる歯科金融商品をドンドンと開発して売りまくれイイマンネン。

【歯科医】ホー、こらビックリしたがな。アンタもようやっと文化的な言葉使えるようになったんや。ワシ、見直したがな。

【営業】イヤー、つい先生に感化されてしまいました。しかしですね、関西弁ででもいわなければ呆れてしまうほど、私どもの社長の強欲はエスカレートいたしまして。順調な滑り出しを見せておりますこれまでの歯科金融商品の販売拡充に営業部一丸となってあたらせる一方で、スイスイ銀行と村野証券の専門家集団に檄を飛ばしまして、もっと儲かる手口の歯科金融商品を開発させております。何でも、これまで開発販売いたしておりますデンタル預金や貯蓄型デンタル保険などはごく普通の金融商品とかで、素人さんでも子供でも思いつくようなモノだそうでございます。

【歯科医】何や、せやったらワシが考え出したデンタル宝くじ預金やこう、子供だましの玩具みたいなものやったゆうんやな、スイスイ銀行と村野証券の連中は。

【営業】イエイエ、そこまではっきりとは……。しかしでございますね、金融のプロといたしましては、やはり金融の素人さんでも思いつくような金融商品に甘んじているわけにはいかなかったのでございましょう。その辺のじくじたるところを私どもの海千山千の社長が見逃すはずもございません。あの日本で毎年偏差値最低につけている南河内大学歯学部出の歯医者に出し抜かれて、君らホンマに赤門大学出てるのかと叱咤いたしまして、ほとんどタダ働きのタコ部屋状態で開発させております。

【歯科医】要するに、上手にワシのこと使うとるゆうこっちゃな。おまけに、コケにしながら。しかしナー、南河大出のワシ馬鹿にすんはエーが、偏差値日本一の赤門大出の専門家がマンマと社長ハンの口車に乗るもんかいな。

【営業】イヤー、先生、それがでございますね、連中プライドが高い上に金融工学とか金融数

学とかいう最新の金融理論をマスターしておりまして……。南河大出の素人の思いつきに負けてはならじと、何とかという難解な名前の方程式やカタカナ名前の公式など持ち出して、必死の形相でございます。何でも世界初の歯科金融派生商品とかを随時開発していくとかで、とりあえずはあまり激しい数学を使わなくてもできあがる比較的単純な金融派生商品を試作したとか……。

【歯科医】金融派生商品？ 何や、ソレ？ 金融商品ゆうたら、ワシでもわかるんやが、派生ゆうんはさっぱり見当もつかんわ。アンタ、わかってんのか？

【営業】イヤー、先生。痛いところを突いてこられますねー。

【歯科医】何ゆうてんねん、痛いとこ突くんが歯医者の商売やないけ。

【営業】またまた、お上手なことを、先生。しかし、正直に申し上げまして、先日の営業戦略会議で私も初めて金融派生商品なる言葉を耳にいたしました。おまけに、スイスイ銀行や村野証券のプロがレクチャーしてくれましたときには、デ、デリバティブなどというカタカナ用語に終始しまして……。

【歯科医】フーン、そらまあよけいわからへんわナー、下痢腹とか何とかいわれても。せやけど、アンタも連中の話聞いたんやろ、何か憶えてへんのか？

【営業】はー、私なりに理解したつもりではありますが……。あー、そうです、先生。一度我が社の営業部隊と村野証券の開発部隊の間で意志疎通をはかるという意味で一席設けられたことがございました。そのときですね、私、恥を忍んで末席の若い男に聞いたことがございました。いったい、金融派生商品とは何か、そしてデリバティブというのは金融派生商品のことか違うのかと。

【歯科医】ホー、そいでもって、その兄ちゃんはどないゆうたんや？

【営業】ハイ、如何にも赤門大出の男らしく、まずは私の出身大学を聞いてまいりました。

【歯科医】フーン、そらまたえげつないやっちゃナー。

【営業】誠にそのようで。しかもですね、私が帝都西北大学の経済学部を出ていると申しましたら、高笑いしながらこういいのけたのでございます。

【歯科医】どないに？

【営業】まー、帝都西北大の経済学部出の方にはおわかりにならないかもしれませんね、あそこには最新の金融工学理解されてる教授がいらっしゃいませんからね。オタクの責任じゃありませんよ、ハハハ、とまでいわれて、もう少しでビールを相手の顔にかけてしまうところでした。

【歯科医】アンタ、よう辛抱したなー。ワシやったら、そいつの喉チンコつかまえてドリルで赤剥けにしたるがナ。

【営業】先生、私も年老いた両親を抱える身でございます。仕事先でのトラブルで家族を路頭に迷わせるわけには参りません。グッとこらえまして、更に頭を下げてようやく鼻持ちならない男から聞き出すことができたのでございます。

【歯科医】そらー、益々偉いやないけ。ホンマ、見直したがな。そいで、そいつのゆうたんはどないなことや？

【営業】ハイ、先生。それがですね、どうもその男、赤門大出を鼻に掛けてはおりましたが、根はかなりの好き者のようでございまして。このような話でございました。

【歯科医】何や、赤門大出ゆうたところで、やっぱ男は男や、スケべに偏差値は関係ないさかいナー。

【営業】ハー、そのようで……。それで、話というのが、新宿の裏通りで売られている裏ビデオのことでございました。

【歯科医】ホー、そらまたオモロイやんけ。

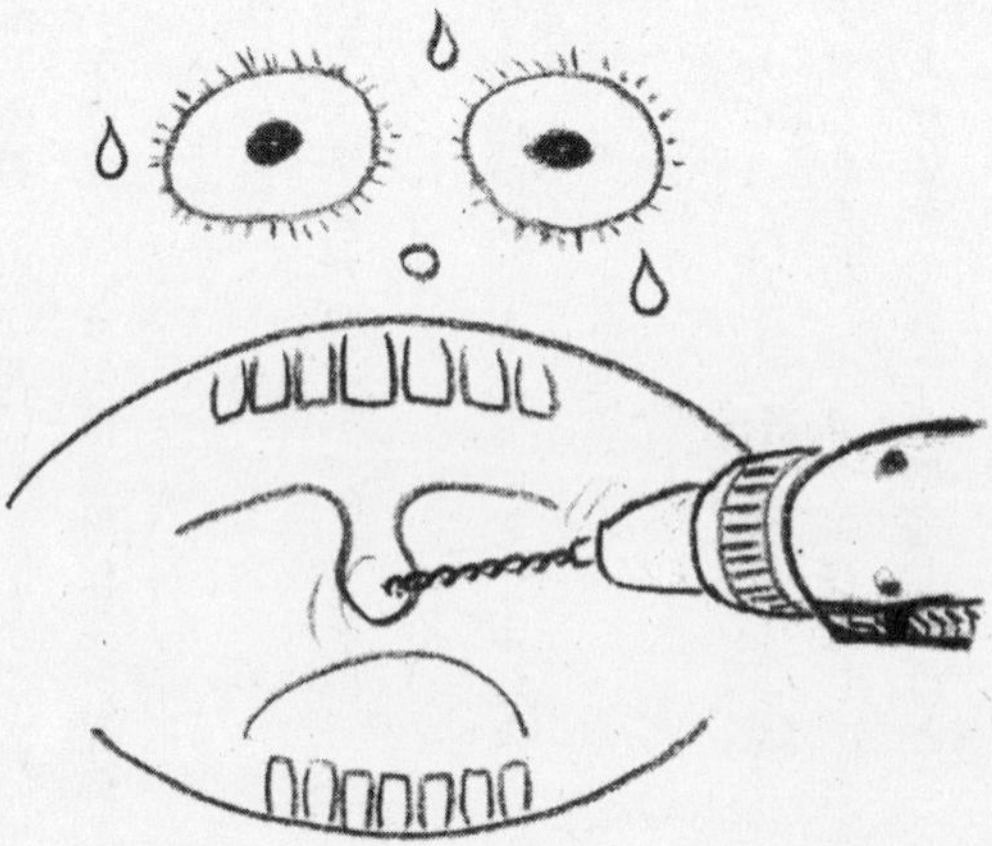

【営業】例えば、私が裏ビデオを売っているお兄さんとして、先生が購入希望のお客様だとします。そして、お兄さんの商っている商品のことを一応それらしく裏通り商品と名づけておきます。このお兄さんの真っ当な商活動は、本来の裏通り商品である裏ビデオを適正価格で顧客に売り、収入を上げることでございます。

【歯科医】フンフン、ようわかるわ。さすがは、赤門大出の説明やナ。

【営業】ところが、このやり方をしておりましたら、お兄さんの収入は顧客が買い上げてくれた裏通り商品の数に比例したものにしかなりません。いい換えれば、お兄さんが自分で密かに入手した流出ビデオをダビングするという労働に比例した真っ当な収入しか望めないということでございます。

【歯科医】マーな。しゃーないわナー。働かんことには、お金も入ってこんさかいに……。それに、アンタ、もともと非合法の裏の商売や。

【営業】誠に、おっしゃられるとおりでございます。しかし、これはあくまでたとえ話でございますので、合法ではないというのはお忘れ下さい。それにでございますね、お兄さんの商活動が効率的でないといいますのは、このように考えればわかりやすいかもしれません。つまり、予め自分がそれまでに入手できた流出ビデオを基にですね、今後一ヶ月間に新宿の裏通りで売れそうなものを選んでそれぞれ１０本ずつダビングするわけでございます。

【歯科医】マー、ソンなとこやろな、あの辺で働いとる兄ちゃんやったら。

【営業】ハイ、ところがでございます。このようなお兄さんの労働に対価が支払われるのは、晴れてダビングした裏ビデオが売れたときでして、もしその後の一ヶ月のお客さんが目が肥えた方々ばかりで、ほとんど売れなかったとしたら全く対価が支払われないということもあり得るわけでございます。

【歯科医】そりゃー、運が悪かっただけと違うんかいな？　単に……？

【営業】イエイエ、お言葉ではございますが、先生。このお兄さんは運が悪かったのではございませんで、単に頭が悪かっただけでございます。もう少し工夫した商品を商っておりましたら、無駄な労働も防げた上に、確実に儲かる商活動を展開できていたのでございます。

【歯科医】へー、工夫した裏通り商品ゆうて、何やネン？　その手の雑誌の広告に載っとるような、えげつないモンまで売りゃーえーゆうわけかいな？

【営業】滅相もございません。同じ裏ビデオを商うにいたしましても、その商品を工夫するということで、他の種類の裏通り商品にまで手を広げるということではございません。

【歯科医】しかしナー、裏ビデオしか持っとらん兄ちゃんが、幾ら工夫したからゆうて、何ぞエー商品が出てくるわけおまへんがな。

【営業】大変に失礼なことを申し上げますが、先生は商品というものに対する古いイメージをお持ちになっていらっしゃいます。

【歯科医】エー、そないにゆうたかて、商品ゆうたら何ぞ価値を持った物やないねんか?

【営業】ハイ、確かに原始的な経済活動におきましては、商品として考えられておりましたものは、おっしゃられるとおり売り手が所有しております何か普遍的な価値のある物、例えば土地であるとか、食品だとか、宝石や金貨などでございました。私が帝都西北大の金融論で習いましたときには、これらは確か原資産とよばれておりました。

【歯科医】フーン、そなら裏通りの兄ちゃんがこれまで売ろうとしとった裏ビデオが原資産ゆうこっちゃな。

【営業】さすがは先生、呑み込みの早いことでは町内一でございますね。

【歯科医】マーな。先月町内会のオバハンらが駅向こうの公園でバザー開きおってな、そこでケツネうどんの早喰いコンテストやっとったさかいに、ワシ出ちゃったんや。そんでな、もちろん一等や。そらもう、見せたかったで、アンタ。あんまし早うにうどん吸い込むけに、鼻の穴からも入っていってナ、見物人やこう皆嫌がっとったがな。

【営業】……

【歯科医】アンタなー、黙っとらんと、早うに先続けたってんか。

【営業】ハイ、これは大変失礼いたしました。古代の商活動はこのように原資産を等価交換するという形で行われておりまして、もちろん現代においても多くの商活動がこのようなものであることも事実でございます。ところがでございますね、現代の高度な商業社会におきましては、原資産とは異なるものまでが商品として売買されるようになってきております。

【歯科医】何や、そないなことならワシかて知っとるがな。おまけにナ、ウチとこの嫁ハンやこう、毎週のように買うとるがな。ホレ何ゆうたかなー、家の掃除してくれるゆうやつ……

【営業】あー、ございます。確かタヌキンさんのヘビーメタルとか何とか……あ、ヘビーメイトでした。台所やお風呂、トイレの掃除まで専門家がやりますというものでございますね。

【歯科医】せやせや。そんなん何も物とちゃうねんやから、原資産を等価交換しとらんワなー。

【営業】ハー、しかしでございますね、先生。このようなタヌキンさんのヘビーメイトと申しましても、労働力という物を商っておりますのでやはり原資産の等価交換と考えられます。私どもしがないサラリーマンも同じでございまして、やはり労働力を会社に対して商っているといえますし、先生のような歯科医の方々も、そこにございます身の毛もよだつようなドリルやペンチで歯を抜くという特殊技能労働力を患者さんに対して商っていらっしゃるわけでございます。これらは、全て古代の商活動の延長でございまして、何ら新しいものではございません。

【歯科医】何や、せやったら、アンタやこうあの強欲社長ハンに買われた奴隷ゆうこっちゃな。

安うに買い叩かれたあげくに、死ぬまでこき使われトル。

【営業】ハイ、全くそのとおりでございます。さすがは先生、そこまでお見通しでいらっしゃったとは。またまた感服いたしました。

【歯科医】アンタなー、一々歯医者の歯ー浮かさんでエーさかいに、早う説明したってんか、その赤門大出のイヤな奴から聞き出した話。

【営業】これはこれは、再び大変失礼いたしました。現代の高度な商業社会で売買されております、原資産とは異なる商品でございますね。実はそのようなものが派生商品と呼ばれ、あちらの言葉ではデリバティブというようです。そして、この派生商品がいったいどのようなものであるかにつきましては、赤門大出でなくてもわかるようにと、新宿裏通りのお兄さんの裏ビデオ商いで説明していただいたわけでございます。

【歯科医】アンタなー、これ以上焦らしてミー……

【営業】あっ、大変失礼いたしました。先生がそのお兄さんから裏ビデオを購入されようと寄っていかれたとします。それで、例えばアノ滅多に入手できない幻の名作が一本だけあったとします。ところが先生は表通りの店の娘に大盤振る舞いして出てきた直後、手持ちはタクシー代を除いて500円ポッキシ。お兄さんに値段を聞きますと、1万円とか。もちろん、クレジットカードは効きません。

【歯科医】ソンなん、殺生やがナ。ワシ、あの名作いっぺんでエーから見たかったんや。そいでもって、やっと巡り会うたゆうのに、財布は空っぽときたわ。アンタ、ようそないにえげつない設定思いつきまんねんナー。根っからの性悪や、ホンマに。

【営業】先生、どうかご安心を。このお兄さんが頭の弱い方でしたら、それこそ一巻の終わりでございましたが、幸いこのお兄さん、裏稼業に入る前は東の赤門大と覇を競う西の四条河原町大学の経済学部を出ておりました。そこで、これは自分の労働力を超えた収入につながるビッグチャンスになるということを見抜き、かつこの客はかなりのスケベで、目の前にぶら下がっている幻の名作裏ビデオを手に入れるためなら猪突猛進するタイプであることも見て取ったといたします。

【歯科医】そらー、エー目しとるがな、ソノ兄ちゃん。さすがは四条河原町大出だけはあるナー。ホンマ、関西おったらナー、エライ違いやさかい。かろうじて一見さんでも入れてく

れる数少ない祇園のスナックでもな、南河大の学生やゆうたら直ぐに叩き出されたもんやが、いっぺん高校のときのダチで四条河原町大に入った奴と行ったらナ、これがコロッと変わりおって、猫なで声で店に入れおんねん。ワシ、ごっつう腹立ってナ。せやけど、関西で四条河原町大ゆうたら、東京の赤門大の比やあらへん。そらもう、モテ狂いまっせ。それにな、ノーベル賞受賞者の数では圧倒的に優っとるさかいに。

【営業】ハー、話を続けさせていただきますと、その四条河原町大出のお兄さん、弱り果ててもなお目の前にぶら下がった幻の名作裏ビデオの前を離れられない先生に、そっと耳打ちをいたします。

【歯科医】どないに?

【営業】ハイ、お客さん、お見受けしたところ随分とそのビデオに入れ込んでらっしゃるようですがね、あっしも男だ、そこまで入れ込んで下さるお客様つかまえて袖にするわけにゃあ参りません。ようがす、如何でございましょう? あっしは、また来週にここで立ち商いをいたしておりやすが、今日のところはお客さんを信じて500円だけ頂戴しておきやす。そいでもって、来週までそのビデオ他の人には売らずにとっておきますんで、そのときご購入下さい、と。

【歯科医】ホー、そらまたごっつう親切な兄ちゃんやナー。さすがは四条河原町大出や。赤門大出の連中とは、エライ違いやで、ホンマ。で、次の週になったら、あの幻の名作裏ビデオ、拝めんのやな、ホンマに。ワシ、喜んで残りの9500円持って買いにいくがな。

【営業】ハー、ところがでございますね。さすがは四条河原町大の経済を出ているだけありまして、このお兄さん、そのとき平然とこういいのけるわけでございます。

【歯科医】エー、これはこれはお客ハン、よう戻ってきてくれはった、ゆうんと違うんか？

【営業】ハイ、もちろんでございますが、問題はこれからでございます。先生が9500円を払おうとした、まさにそのとき、お兄さんが豹変されるわけでございます。やはり、裏稼業の方が凄まれるときには、自然と関西弁になるようで……オッサン、何寝惚けてマンネン。何やその9500円ゆうのんは？　この前の500円ゆうのんはな、アンタ一週間ウチの大事な商品預かっといちゃるゆう預かり賃や。代金の一部やアラヘンで。何考えてんねん、ホンマ。

【歯科医】アンタ、上手いやんけ。せやけど、まーこの場合は兄ちゃんのゆうこともわからんこともないな。一週間も人気裏ビデオ預かっといてくれたんや。500円は預かり賃ゆうとで、きっちり1万円払うがな、ワシ。

【営業】ハー、それで先生が1万円を払おうとしたとします。ところがですね、またまたこのお兄さんは因縁をつけて参ります。

【歯科医】ホー、どないに?

【営業】それがですね、3日前にその幻の名作裏ビデオに出ていた女優というのが、実は今人気沸騰の深夜テレビニュースの美人キャスターの若い頃だったと写真週刊誌にスッパ抜かれまして、今や値段も跳ね上がってしまったとか。その夜での値段は既に9万円だと……

【歯科医】何や、そりゃー詐欺やないけ!

【営業】イエイエ、写真週刊誌の暴露記事でプレミアがついてしまい、流通価格が9万円になっているというのは、他の裏通り商品を商っている連中に聞いても確かでした。従いまして、このお兄さんの商行為は詐欺でも何でもなく、先生に対してあの晩にですね、一週間後にその幻の名作裏ビデオを買い取るという契約を500円で売ったわけでございます。しかも、その契約には価格についても細目がございませんでしたので、一週間後に買い取る場合にはその時点での相場の価格が適用されることになります。結局、先生はあの晩に500円でその契約を買ってしまったわけですから、契約履行の義務がございまして、9万円をお兄さんに支払って幻の名作裏ビデオを買い取らなければなりません。

【歯科医】クソー、あの晩にタクシー代回してでも買うときゃあ、こんなアホなことにはならんかったんヤ。ホンマ、ワシも焼きが回ったナー。マー、南河大出のワシが四条河原町大の経済出とる兄ちゃんに商いでかなうわけないんやけどな。しかし、ごっつうようわかるがな、この話。要するにヤナ、ワシがあの晩に500円で買うてしもうた「一週間後に名作裏ビデオを一本買う」という契約自体が商いの対象になっとるゆうこっちゃな。

【営業】さすがは、名歯科医の誉れ高い先生でいらっしゃいます。私など、その村野証券の末席におりました赤門大出の若い奴からこの話を聞きましても、それが金融派生商品、つまりデリバティブのこととは全くわかりませんで、「ヤッパ、帝都西北大出ではあきまへんナー、わからしまへんやろ」などと関西弁でののしられてしまいました。あの場に先生にいらしていただければ、あんな若造にののしられることもなく、逆に関西弁でギャフンといわすことができたでしょうに、残念でなりません。

【歯科医】マー、えーがな。もうすんだこっちゃ。それにナ、何やかんやゆうて、アンタちゃんと渋うにゆうて派生商品の何たるかをうもうに聞き出せたんやシ。なるほどナー、原資産の等価交換である商取引をするゆう契約までもが売買されるゆうんが、派生商品、つまり外人さん風にはデリバティブゆうわけや。

【営業】ハイ、特に原資産として金融商品となるものを考え、それについての売買契約などを派生商品とする場合に、金融派生商品と呼ばれるそうでございます。ですから、カタカナでは金融デリバティブというのが正しいのでございましょうが、業界では単にデリバティブで通用するとか。

【歯科医】フーン、今日はごっつうエー勉強になったわ。オオキニ。ホー、もう5時半やな。相変わらず患者やこう一人もけーへんさかいな、ここいらで店じまいして、ドヤ、アンタの会社の接待費で新宿でも行ってパーッとやろか、パーッと。

【営業】ハイ、お供させていただきます。

デンタル先物取引

翌日、二日酔いの身体をおして診察室に現れたくだんの歯科医は、今日も閑古鳥が鳴きそうな雰囲気を見て、自ら平らにした診察台の上に横になり、ウトウトと心地よい惰眠を貪り始めた。日がだいぶ高くなった頃、ふと気がつくといつもは自分が座っている医師席に馴染みの営業スタッフの顔があった。

【営業】先生、お目覚めでいらっしゃいますか?

【歯科医】何や、アンタかいな。ビックリしたがな。いつの間にきとったんや?

【営業】ハイ、半時ほど前に参りましたが、先生は牛の涎状態で口を開けて気持ちよさそうにお休みでしたので、ここで待たせていただいておりました。この前のように、先生が診察室で居眠りなさっておいでで、その間に美人の歯科助手の方と受付で四方山話をしておりましたときのように、いつの間にか目を覚まされた先生に後ろから不意にドリルを突っ込まれてはたまりませんので。

【歯科医】あったり前やないけ。ワシが寝とる隙狙うて美人の歯科助手の娘に近づこうしたんやさかい、天罰や。しかしナー、せやからゆうて、何もワシがアホな口開けて寝とんのん、ジーッと眺めんでもエーがな。オー、気持ち悪。目ー醒ましたときにナー、最初に不細工な男の顔が飛び込んでくるほど気持ち悪いモンないさかいに。

【営業】これは、これは、大変失礼いたしました。

【歯科医】マー、アンタとも長いつきあいや。今回は許しといちゃるけに、次からは気ーつけんといかんで、ホンマに。ところで、今日は何の用があんねん？　まさか、昨日の新宿の店の払い、接待費にならんかったゆうて請求にきたんやないやろな？　ソンナン、聞く耳持たへんからナ。それに、アンタのほうがぎょうさん飲んで触っとったやないけ……

【営業】先生、そんなこと大きい声でおっしゃったら、美人の歯科助手の方に聞こえますヨ。それに、昨夜のはちゃんと今朝ほど営業本部長特命接待ということで、無事経理に回っております。どうか、ご心配なく、今後とも我が社をお引き立て下さい。

【歯科医】ソーかいな、ソーかいな。

【営業】今日はでございますね、早速ではございますが、我が社がスイスイ銀行と村野証券のプロに共同開発を委託いたしました世界初の歯科金融派生商品の第一弾となります、「金キラデンタル先物」のご紹介に上がらせていただきました。

【歯科医】ナ、ナ、何やねん、その「金ピカデンタル履き物」ゆうんは？　患者さん用に金箔張ってピカピカにしたスリッパそろえるゆうことかいな？　エライ悪趣味なこと考えおんねんナ、村野証券の連中も。

【営業】イエイエ、先生、「履き物」ではございませんで、「先物」でございます。

【歯科医】へー、先物ゆうたら、ホレ、経済新聞に毎日載っとる原油の先物相場とか、カリフォルニアのオレンジの先物相場と同じもんかいな？

【営業】ハイ、さすがは先生。二日酔いの状態にありながらの鋭い洞察力。私、またまた感服いたしました。

【歯科医】アンタなー、二日酔いの歯医者の歯ー浮かさんと、早うにそのデンタル金キラ履き物ゆうんを履かしてみー。早うに。

【営業】かしこまりました。私どもの社でこの度新発売させていただきます「金キラデンタル先物」はでございます、先生のご指摘のとおり、原油や作物の先物取引と本質的には同じ商取引によって商われる歯科金融派生商品（デンタルデリバティブ）の一種でございます。

【歯科医】大豆の先物取引ゆうてもナ、ワシやこう経済新聞の表の中にあったゆうくらいにしか理解しとらへんねん。せやから、そんなんと同じやゆうても、何のことかさっぱりわからしません。そこんとこ、もうちょっと工夫してやナー、ワシにもわかるように説明したってんか。ホンマに……

【営業】これはこれは、大変に失礼をいたしました。それでは、具体的にご説明いたします。例えばでございますネ、先生が今日診察される患者さんで、今回は何とか応急処置で間に合わせることができるけれども、後半年ほどで一本丸々金属で被せなければならなくなる方がいらっしゃったとします。

【歯科医】アー、ようおんねん、そないな患者ハン。そいでもって、ワシ、ごっつう腹立つんやけどナ、そいつら半年後に再診に戻ってきおったことないネン。ワシがたまたま暇持て余して駅前のパチンコ屋に行ってぎょうさん景品のチョコレート貰うて歩いとったらナ、斜向かいの歯医者から見覚えのある男が出てきおったんヤ。そいでもってナ、ワシの顔見たら何かバツの悪そうな作り笑いしながらニカッとしおんねん。そんときにな、ワシ目ざとうに見つけたんやが、ソイツの出っ歯が一本キラリと光っとったんや。つまりナ、ワシとこで応急処置したくせにや、値の張る金歯にするんは斜向かいの東京痛し痒し大出の歯医者に行きおる。ワシもホンマ腹立ってナ、何かしたらんと気がおさまらんさかいに、ちょうどパチンコで貰うたぎょうさんのチョコレートな、袋ごと全部くれてやったんや。

【営業】先生、そんな見る目のない患者さんなどに景品のチョコレートなど差し上げる必要はないじゃないですか。せっかく久しぶりにパチンコで勝たれたのに。

【歯科医】アンタなー、ワシを甘う見とったらイカンで。ワシ怒らしたらナ、ソラーとことん痛い目にあわしてやるんヤ。そんためやったら、景品で貰うたチョコレートやこうタダでくれてやるがな、タダで。

【営業】しかしでございます、先生。単にチョコレートをたくさんあげるだけでは、むしろその馬鹿な患者さんを喜ばすだけではございませんか。

【歯科医】フォッ、フオッ、フォー。アンタもまだまだ甘いナー。ワシ、前から診とるさかいに知っとったんヤ。実はその患者ナ、エナメル質が極端に弱うて、チョコレート食べとったらすぐに虫歯だらけになる質や。せやからな、こないにゆうて景品のチョコレートくれてやったんやが。

【営業】どのように？

【歯科医】アンタ、こらーちょうどエーとこで会うたナー、ちょうどウチに薬や歯科衛生用品卸しとる会社の営業がサンプルやゆうて持ってきたんや。このチョコレートみたいなんはな、何でも新発売の虫歯予防チョコレートらしゅうて、毎晩寝る前にこれ一枚口ん中で溶かしながら歯の周りに塗るようにしてナ、そのまんま朝まで放っておいたらエンやって。これ全部あげるさかいに試してみなはれゆうたったんやが、アンタ。

【営業】エ、エー！　先生、それでは私の責任になってしまいます！

【歯科医】エーがな、エーがな。アンタもワシも一蓮托生やないけ。それにナ、そのくらいのことされて当然やないけ、アホな患者なんやから。ワシんとこで応急治療してやったゆうのに、斜向かいの東京痛し痒し大出の歯医者で高い金歯入れるやこう、許されへんねや。ホンマ、思い出しても腹立つナー。

【営業】先生、どうかお気を楽に。私どもの金キラデンタル先物をご利用いただければ、二度とそのような腹立たしい思いをされることはございません。

【歯科医】アンタ、そないにゆうたかて、ワシとこで応急処置しといてからによそで金歯入れる患者やこう渋いからナー、病院のスリッパ金キラにしたところで寄りつくようになるとは思えんのんやけど。

【営業】先生、履き物ではございません、履き物では。この新商品は「金キラデンタル先物」と申しましてですね、その患者さんのように先生のところで応急処置だけしておいて、半年後にはよその歯科医院で金歯を入れるというような破廉恥行為を未然に防ぐ効果もございますので、本来は患者さんのために開発された商品ではございますが、特に先生の病院のためにお役に立つと信じております。

【歯科医】しかしナー、どないにしてよその歯医者に行こうとしとる患者をウチに縛り付けとくんや？　まさかそのまま半年も診察台に鎖で縛り付けるわけにもイカンし、麻酔の注射打ちまくるわけにもイカンしなー……、マー、美人の歯科助手の娘にやったら縛って欲しいゆう変態ジジイはおるかもしれんけどナ。

【営業】先生、そのようなことに鎖も薬も必要ございません。この「金キラデンタル先物」で先生のお悩みは一気に解決いたしますし、患者さんのほうも高い金歯を少しでも安く入れることができるわけでございますので、メデタシメデタシでございます。

【歯科医】フーン、その金ピカのスリッパみたいなんは、そないに都合エーもんなんかいな？

【営業】ハイ、何せアノ天下の村野証券と世界のスイスイ銀行の専門家チームがタコ部屋状態でとりあえず開発いたしました世界初の歯科金融派生商品、デンタルデリバティブでございますから。引き続いて、ご説明させていただきます。私が患者だとしまして、今日のところは一応の応急処置で済ませていただいたとします。ですが、先生のお診立てでは、ここ半年以内にキチンと金属を被せないとどうにもならなくなる。そのようなときにですね、先生はこの新商品「金キラデンタル先物」を患者さんにお勧め下さい。

【歯科医】勧めるゆうて、いったいどないにゆうたらエンや？　まさか、アンサン金ピカのスリッパいりまへんかゆうわけにもいかんやろう？　大体やな、まだワシ自身がさっぱりわかってへんねやからナ。

【営業】大変、失礼いたしました。三度、説明を続けさせていただきます。この「金キラデンタル先物」と申しますのは、原油やオレンジの先物と全く同じでございまして、例えば今日から6ヶ月先に先生が治療なさって私どもの会社の金歯を一本12万8000円で入れるという契約を、本日患者である私との間に結ぶというような形になっております。患者さんから見れば、6ヶ月後の先物の金歯を今日12万8000円で購入契約されたことになります。もちろん、代金は金歯と引き替えですので、実際に患者さんが先生にお支払いになるのは治療が終わったときということで、6ヶ月先のことでございます。

【歯科医】何か、ようわからんけどナー。マー、半年先にウチで治療するゆうんを契約するゆうわけやさかいに、確かにその患者が斜向かいの歯医者に駆け込んだりすることはないかもしれん。契約破ったりしたら、法廷に出ても違約金ぎょうさんに取れるようにナ、契約の文面に入れといたらエーわけや。ソラー、ワシら歯医者にはごっつう都合エーんやけど、患者のほうから見てミー、これやったら何も契約やこうせんでも、半年後に好きな歯医者に行くほうが気楽でエーがな。そんなアホな契約商品、いったい誰が買いマンネン？　幾ら天下の村野証券のプロで赤門大出やゆうたって、こないなモンしか考えつかんのんやったら、アンタ社長ハンに早うに手ー引かしたったほうがエンとちゃうか?

【営業】それがでございますね、先生。「金キラデンタル先物」におきましては、先ほどの例でいきまして本日ご契約いただきました場合には6ヶ月後に一本12万8000円で金歯を被せることができます。ところが、本日の我が社の金歯の価格はでございますネ、12万9800円となっております。ということはでございます、「金キラデンタル先物」のほうが本日の金歯よりも1800円もお安くなっているわけでございます。ですから、患者さん側から見ますと、「金キラデンタル先物」のほうが、大いに魅力ある商品ということになります。もちろん、本日の価格で我が社の金歯をご購入願うこれまでどおりの普通の金歯も「金キラデンタル直物」という商品名で引き続き販売させていただきますので、先生にはお客様の懐具合と虫歯の進行状況を見計らって「金キラデンタル直物」と「金キラデンタル先物」のいずれかをお勧め下さればありがたく存じます。

【歯科医】フーン、その金ピカのスリッパみたいな金歯のほうが安いゆうんやったら、話は別やナー。そら、どうせ金歯被せるんやったら、本格的な治療を半年先に延ばして金ピカスリッパにしたほうがエーがな。しかし、何やナー、村野証券やスイスイ銀行の専門家ゆうたところで、その程度のモンで世界初の歯科金融派生商品やこうゆうんやったら、ホンマ大したことあらへんがな。考えてもミー、梅田のオーエスシネマ行ったかて、誰も高い当日券で映画観とる奴はおらんさかいに。誰かて、ちょっとでも安うしとる前売り券買うてやな、そいでもって映画に行くもんやがな。それと同じやないケ。アンタ、社長ハンにゆうて、「前売り金歯」とかなんとか、もそっと庶民的な名前にしたらどないや？

【営業】ハー、お言葉ではございますが、先生。実は、先日の我が社の営業戦略会議におきまして、私めもちょうど先生と同じことをレクチャーにきておりました村野証券の開発担当チーフにぶつけてみたのでございます。自慢ではございませんが、私、学生時代から前売り券以外で映画を観たことはございませんでしたので。

【歯科医】せやろ、アンタかて同じこと思いつくゆうたら、世界初の金ピカスリッパの名がすたるゆうもんや。そんで、村野証券の連中、どないになりおったん？　帝都西北大出のアンタに痛いトコ突かれて大汗かきよったやろー。

【営業】いえ、それがでございますね、逆に私めのほうが連中に大笑いされてしまいました。やはり帝都西北大出では、映画の前売り券までしか理解できないのかとののしられ……

【歯科医】クソー、連中ホンマに痛いトコ突かれたもんやさかいに、アンタのこと馬鹿にして切り抜けたろ思うたんやナ。ホンマ、えげつないやっちゃナー。いっぺん連れてきてみなはれ、ワシがドリルぎょうさん突っ込んで奥歯ガタガタにしちゃるけん。

【営業】先生、それがですね、どうも連中のいうほうが正しいようでございまして……。世界初の歯科金融派生商品である「金キラデンタル先物」が通常の「金キラデンタル直物」よりもお安くなっておりますのは、映画の前売り券と同じ理屈ではございませんようで。いえね、私も気がつきませんでしたが、映画の前売り券の場合は先に代金を支払いますので、映画館側にとっては運転資金が早く手に入る上に、中には前売り券を買ってはみたものの都合がつかなかったり紛失したりで結局映画館にこないこともございます。従いまして、観客側だけでなく、映画館にとっても有利な商品といえるわけでございます。ところが、金キラデンタル先物におきましては、例えば先ほどのように6ヶ月先に金歯を一本被せるという契約を結びますのは今日でございましても、実際に代金の12万8000円を患者さんがお支払いになるのは治療が終わってから、つまり6ヶ月先のことでございます。従って、先生や我が社に運転資金として使える現金が予め先に入ってくるというメリットもございませんし、前売り券と違ってきちんとした商取引の契約でございますので、患者さんが治療にくるのを忘れることも許されません。ですから、映画の前売り券と同じ理由で安い金額になっているわけではないそうなのです。

【歯科医】アー、なるほどナ。前売り券やったら先に払うとるさかいに、売る側にもメリットはあったわけや。ところが、この金ピカスリッパでは、ワシが患者からお金取れるんは、あくまで治療がすんでしもうた6ヶ月先のこっちゃ。しかし、これやったらワシもアンタとこの会社も大損するだけやないけ？　何も、そんなモン患者さんに売りつけんでも、アンタ半年したら金歯被せるさかいに忘れんと治療にきてやゆうて普通の診療予約取っといちゃったらエーんやがナ。そしたら、ちゃんと12万9800円もふんだくれまんがな、同じ金歯一本で。

【営業】イエイエ、先生。それでは、その患者さんはやはり斜向かいの東京痛し痒し大出の先生の歯科医院へ流れていってしまいます。それにですね、先生。この金キラデンタル先物、さすがはアノ村野証券とスイスイ銀行のプロが考えただけはございまして、たとえ代金12万8000円の回収が治療完了後の6ヶ月先になっておりましても、今日現在12万9800円いたします金キラデンタル直物で治療いただきましたときと同じ金額だけ先生の取り分として我が社のほうからお支払いさせていただきますし、私どもの社のほうにとっても、金キラデンタル直物と同じだけの収入がございます。

【歯科医】エー、そらごっつうおかしいやないけ⁉　金ピカの履きモンのほうは12万8000円で、そいでもって金ピカの敷モンのほうは12万9800円や。アンタ、それでワシのマージンも同じだけあって、アンタとこの収益も同じやゆうて、そんなんアリかいな？　計算が合わへんやろ、計算が。差額の1800円は、患者ハンが得するゆうんはわかるんやがナ、その分誰かが損せーへんといかんはずや。それが、アンタもワシも損せーへんゆうて、いったいどないなっとんねん？　まさか、お金のブラックホールができたわけでもないやろうに……

【営業】ハイ、先生。そこのところのからくりがですね、何やら小難しい金融工学の初歩的な応用とかで……、専門家のレクチャーによりますと、このようになっておるそうでございます。何でも、金歯の原材料である金の市場価格はそれこそ毎日変動しておりますそうで、その市場価格で私どもの社も金を購入して先生方からご注文いただいた大きさ形状の金歯を製造いたします。ところが、この金市場における金の取引相場に二種類のものがございますそうで。確か、金の直物相場と金の先物相場でございました。私どもが直物で金を購入する場合はでございますね、早い話が駅前の商店街の八百屋でキュウリを買うのと同じでございまして、買ったらすぐに代金を支払うわけでございまして、当然ながら支払代金を月末までに購入先へ振り込まなければなりません。

【歯科医】そら、当たり前やないけ。お金払わんとキュウリ持っていくんは、泥棒やがな。

【営業】ところがです、例えば6ヶ月後に購入する契約を交わす先物におきましては、代金の支払いは6ヶ月後でよろしいわけでございます。

【歯科医】そらー、アンタ、先物の契約ゆうたかて、買う側に都合のエーことになっとんやさかいに、自由な経済活動の原理からゆうても、値段はむしろ直物の金よりも高うなるんと違うんかいな? 売る側の金の延べ棒作っとる会社は、買い手の足下見て値段つり上げてくるに決まっとるがな。

【営業】さすがは、町内きっての賢者の石、イエ、医師の誉れ高い先生。またまたお見それいたしました。歯科医の先生方から自由な経済活動の原理などというお言葉を頂戴しようとは、不肖この私、大いに感服いたしました。確かに、金を売る側に何らメリットのない状況では、先生のご高説のとおり先物の金相場のほうが高くなるかもしれません。しかしでございますね、先生。金を売る側から申しましても、直物取引の場合はいつどれだけの注文が入るかは予測をつけにくいわけでございまして、といって突発的に大量の注文が入っても商品である金がないということでは信用問題にもなりかねません。ということで、無駄な在庫を抱えたり、生産計画が立てにくいなどというデメリットを絶えず抱え込んでしまうことになり、結果的にそのような無駄な経費が直物の金の価格に上乗せられてしまうわけでございます。

【歯科医】マー、そんなとこやろなー、世の中ゆうんは。ウチかて同じこっちゃ。こうやってナ、毎日朝から晩まで診察室にカンズメになっとるゆうのに、患者が治療にくるかこんかはさっぱりつかめん。クソー、今日はもう誰もこんやろ思うて、美人の歯科助手の娘連れて駅向こうのゴルフの打ちっ放しに行ったときに限ってヤナ、急にぎょうさん患者ハンが押し掛けてきおんねん。ホンマ、やりにくいで。

【営業】ところがでございますね、先物の場合には、早い話が契約に基づく予約販売のようなものでございますので、例えば6ヶ月先に出荷しなければならない金の地金の量を完全に予測することができますので、それに合わせた生産管理と在庫管理をすることにより無駄なコストを省くことができます。従いまして、金の先物相場のほうが金の直物相場よりも安くなっているわけでございます。

【歯科医】ホー、なるほどナー。それなら、ワシにかてようわかるワ。ウチの病院かてナ、患者ハンがいつどのくらい治療にくるかが予めわかっとったらやな、ワシや助手の娘らの休みもあんじょう決めとけるし、薬やレントゲンのフィルムも無駄に置いとかんでもエーようになるさかいに、もそっと安い治療費でもカマヘンのんやけど。それと同じこっちゃな、要するに。

【営業】ハイ、先生のおっしゃられるとおりでございます。イヤー、さすがは賢者の石、イエイエ、歯科医師の先生でございます。私どもがこの度発売いたしました「金キラデンタル先物」につきましても、全く同じ効果があるものと期待しております。なぜならでございますネ、金キラデンタル先物をご購入された患者さんはですね、契約によりまして必ず決められた日に先生の病院にやって参りまして、必ず金歯を被せていくわけでございます。従いまして、先生の側から見ますと、いついつには患者さんが集中し、いついつには朝から休診にして美人の歯科助手の方々を引き連れて遊びに行くことができるという予測を立てやすいというメリットさえも出て参ります。

【歯科医】ホー、ソラ、ごっつうエーこっちゃ。ワシにも大きなメリットがあるゆうわけや、その金ピカのスリッパゆうんは……

【営業】ただ……、ひとつだけ付け加えさせていただきますと、金の先物相場は直物と同じように市場におきまして日々価格変動をいたしておりますが、これが世界情勢や各国の金需要、さらには国際的な金塊強奪事件の発生やテロによる各国中央銀行の襲撃の噂などに強く影響されております。従いまして、例えば6ヶ月先にアノ世界的なコンピューターメーカーである国際事務機さんがアラブの石油産出国から法外な価格で受注した超大型コンピューターの筐体を全て金キラに金メッキして出荷するというニュースが流れたと同時にですね、金の先物相場は高騰し、それに連動する形で私どもの「金キラデンタル先物」のお値段も15万円くらいに跳ね上がることもございます。

【歯科医】何や、それやったら患者さんは大損やないけ。今日金歯を入れといたら12万9800円ですんだゆうのに、ワシがアンサン治療はまだ半年先やさかいに「金キラデンタル先物」にしときなはれゆうて契約したためにナ、半年後には15万円も払わんといかんのや。そんなん、ワシがドリル突っ込まれるがな。怒り狂うた患者ハンに。

【営業】イエイエ、どうかご心配なく、先生。たとえそのようになりましても、6ヶ月先の時点では金の直物相場はさらに高騰しておりまして、その結果私どもの「金キラデンタル直物」である普通の金歯のお値段は15万円よりも高い、例えば15万6000円となっておるはずでございます。つまりでございます、その患者さんは私どもの「金キラデンタル先物」を6ヶ月前にご契約いただいておりましたおかげで、同じ日に同じ金歯を入れる他の患者さんよりも6000円も得をなさったということになります。お怒りになるどころか、他の人たちよりも安く金歯を入れることができたということで、大喜びで帰られること請け合いでございます。

【歯科医】フーン、モノはいいようやナー。マー、そないにゆうても納得せん患者がおったら、また美人の歯科助手から飴玉でもしゃぶらせて黙らしときゃあエーし、それでも収まらんかったら麻酔で眠らせといてアンタの会社に送り込むさかいに、あんじょうなだめてヤ。

【営業】……

デンタルオプション

世界初の歯科金融派生商品ということで「金キラデンタル先物」は大いに話題となった。くだんの歯科医院においても6ヶ月ものの「金キラデンタル先物」で金歯を入れる契約をした患者さんが増えていたが、反面6ヶ月を待たずに斜向かいの腕のいい歯科医院に行ってしまう患者との間でトラブルが続出していた。契約後に初めて近所での町内の歯科医の評判を聞いた患者が、くだんの歯科医院に詰め寄り契約解消を求めたのだ。だが、「金キラデンタル先物」の契約解消には多額の違約金が必要となるため、一時は社会問題にまで発展する気配を見せた。そのため、発売元の会社では急きょ私設「金キラデンタル先物」市場を開設し、そこで「金キラデンタル先物」の売買を行うこととした。おかげで、問題の患者は自分が契約した「金キラデンタル先物」を相場の値段で売りさばくことができ、違約金を払うよりははるかに少ない金額の損失だけですんだのだった。

【営業】先生、本日は我が社がスイスイ銀行と村野証券のプロに共同開発を委託いたしました世界初の歯科金融派生商品の第二段となります、「金キラデンタルオプション」のご紹介に上がらせていただきました。

【歯科医】アンタ、そなことゆーてナー、この前の「金キラデンタル先物」でエライ目におうたバッカシやないけ。ウチで契約した「金キラデンタル先物」やさかいに、6ヶ月後におとなしゅうにウチで金歯入れときゃよかったのにな、そないなことするんやったら死んだほうがましやゆうてゴネる患者ハンがぎょうさんおってなー。国営放送の「苦労シマッセ現代」とかいうニュース解説番組でも取り上げくさったもんやさかいに、ごっつう問題になりおったんや。寄ってたかってワシが悪いゆうてナ、そらもう激しいモンがあったんや。ホンマに悪いんは契約違反しおってからに、そいでもって違約金は払われへんゆうとる患者のほうやゆうのに。連日社会運動組織のデモ隊や抗議電話が殺到しおって、そらもう大変やったがな。

【営業】いやー、先生には大変ご迷惑をおかけしてしまいました。しかし、私どもの社で急きょ開設いたしました私設「金キラデンタル先物」市場をとおして「金キラデンタル先物」の契約自体を売買できるようにいたしましたので、一応これまでのところは事なきを得ております。とは申しましても、先生にはマスコミから悪徳歯科医とか悪魔に魂を売った強欲歯科医などといった誹謗中傷キャンペーンの矢面に立たれる結果となり、我が社の社長も大変に心を痛めております。今日は、そのお詫びを兼ねて、私どもの社長の方から是非先生にだけご紹介をという特命を受けて参じました。

【歯科医】ホンマかいな。アンタとこの社長、やり手やっさかいなー。他の歯医者に行ってもそうゆうとんのとちゃうか？　まー、えーわ。聞くだけ聞いといちゃるけに。どうせ、ご覧のとおり、マスコミにボロクソに叩かれて閑古鳥が鳴いとるさかいに、暇つぶしにちょうどえーわ。

【営業】いえ、実は他でもない、先生のところがいつも患者さんが少ないことを社長も開業当初から気にしておりまして、そこであの天下の村野証券とスィス銀行と我が社で共同開発いたしました本格的な歯科金融派生商品を、まず先生にご利用いただきたいということになった次第です。これさえあれば、たとえこのように閑古鳥状態が長く続いたといたしましても、先生の収入は保証されるのでございます。早い話、ちょっと病院を閉めて平日の空いたゴルフ場ででも美人の歯科助手の皆さんと汗を流してきたとしても、ちゃんとお金だけは入ってくるわけです。はい。

【歯科医】そらまた、ごっつうエー話やないけ。しかし、そらアンタ、ワシをかつごうとしとんのやろ。なんぼなんでも、昼真っから助手の娘らと遊び回っとって、その上病院の収入だけは保証されるやこう、あり得ん話じゃ。

【営業】先生！　それが、あるんですよ。まあ、ご覧ください。我が社が村野証券とスイスイ銀行の知力を総結集して開発しました、世界初の歯科金融派生商品第二段「金キラデンタルオプション」がこれです。

【歯科医】なんや、悪趣味な名前やなー。それに、なんやコレ。目論見書ゆうたら、よう証券会社の営業が家に持ってくるやつやないけ。なんで、歯医者の商売に目論見書がいるんや。商品見本と解説のパンフレットはないんかいなー？　ワシ、こないに数字やグラフが並んどるもん、見とうないねん。かいつまんで、説明したってんかー。

【営業】誠にごもっともです。それでは、不祥この私がご説明いたします。この金キラデンタルオプションといいますのは、要するに今後何年間かの間に金歯を一本予め決めた値段で我が社から購入することができるという権利を商品化したものでございます。

【歯科医】何や、ソレ？　さっぱりわからん。もっと、具体的にゆうてんかー。

【営業】これは、大変に失礼をいたしました。それでは、これでは如何でしょうか。例えば、本日私が患者で、虫歯を抜いていただくとしましょう。これまでですと、先生は毎朝私どもの社の方からお送りしております今日の金歯の値段、つまりは「金キラデンタル直物」の価額をご覧になりながら、患者さんに金歯をお勧めいただいていたわけでございます。

【歯科医】そうやがな。保険でできるアマルガムでえーゆうとる患者つかまえて、あんさん金歯にしたほうがごっつうえーんやさかいゆうて説得してきたんや。せやけど、アンタとこの金歯、えろー高いんや。ホンマ、苦労するわ。最近は不況のせいか、なかなか金歯にする患者もおらんようになったし……。それに、いちいちファックス見て、その日の金歯の値段見てやなー、おっ、今日は金歯が安うなっとるさかいに抜くんは明日にしたろゆうて、結構しんどいもんや。あれ、何で値段変わるんや？

【営業】はい、これまたごもっともでございます。しかし、金歯の価格につきましては、実は材料である金の値段そのものが金市場の相場によって日々変動しておりますので、どうしても市場相場に合わせて値段が変わってしまいます。確かに、このような状況では先生方に安心して金歯を使っていただくことは難しいわけでございます。例えば、本日の我が社の金歯一本の価格は、えーっと、１３万円となっておりますので、私が患者とするとかなりの負担になります。ところが、今年の夏頃に国際的な金相場が値崩れしたために、夏の時点での金歯一本の価格は6万円でございました。ということは、もっと早くに虫歯の治療をして金歯に換えておけば、患者である私は7万円も得をしていたし、先生も患者さんに金歯を勧めやすかったわけです。しかし、過ぎたるは及ばざるが如し。今日の金歯の値段は１３万円なのです。金歯が安いうちに入れておけばよかったと思っても、後の祭り。誰もが悔しい思いを強いられるわけでございます。

【歯科医】そらそうや。ワシかて、アンタとこの金歯がもっと安うできるんやったら、そら患者さんにもエーもん使うてあげたいさかい、少々無理してでも金歯入れといたらゆうていえるんやがな。せやけど、現実にはナー、高いし、その日その日で値段も変わりおる。

【営業】そこで、我が社が開発しましたものが金キラデンタルオプションでございまして、これを利用しますと、こうなるわけでございます。幸い私はまだ虫歯がございません。

【歯科医】ホンマ、歯医者泣かせや。

【営業】ところが、私とてこの先いつまで丈夫な歯のままでいられるかはわかりません。多分、20年もしないうちに虫歯ができて抜く羽目になるのでございましょう。つまり、今後20年間の間には何本か金歯を入れなければならなくなるわけです。ところが、金の相場は今後右上がりに伸びていくことが予想され、その結果我が社の金歯の値段も年々上昇していくことになります。今日13万円で買える金歯が5年後には28万円出さなければ買えないという可能性があるのです。

【歯科医】なんや、そういうことかいな。まだ虫歯にもなっとらん患者さんつかまえて、アンタ、5年後には一本28万円になる金歯、いまなら13万円やでゆうて、いまから金歯に変えさせるわけやな。こら、ごっつう儲かりまんがな。せやけど、ワシはえろう忙しゅうなってしもうて、ゴルフなんぞやっとれんがな。こら、話が違うがな。

【営業】先生、いくら何でも、患者さんの元気な歯を抜いて金歯を埋めるのはまずいんじゃないですか。それに、お察しのとおり、美人の歯科助手の方々とゴルフに行くこともできなくなるじゃありませんか。

【歯科医】そな、どないするねん？

【営業】はい、そこで虫歯のない健康な患者さんにこそ、我が社の金キラデンタルオプションの購入をお勧めいただきたいのでございます。いま仮に私が金キラデンタルオプションを先生の病院を通じて購入するとします。つまり、今後ある一定の期間内にある定められた値段で我が社から金歯を一本購入する権利を買うわけでございます。

【歯科医】うーん、そこがいまいちようわからんのんやけど？　この前ワシにエライ迷惑かけおった金ピカの履き物とどう違うんかいな？　金ピカの履き物かて、6ヶ月後に相場の値段で金歯を一本入れることができたやないけ。

【営業】イヤー、先生には本当にご迷惑をおかけいたしまして……。その「金ピカデンタル先物」でございますが、結果的に無実の先生にご迷惑をおかけすることになりました原因にもなったとおり、あくまでも商法上の先物取引でございますので6ヶ月後にはいやでも金歯を入れなければなりませんです。契約者である患者さんが金歯を入れたくない場合はでございます、高い違約金を支払われて解約なされるか、あるいは当社が運営いたしております私設

「金キラデンタル先物」市場で売りに出されるかしない限り、法的にガンジガラメにされてしまっているわけでございます。

【歯科医】セヤがな、セヤから強欲でアホな患者が世論に訴えて社会問題にすり替えようとしおったんやないケ。ホンマ、思い出しただけでも腹立つなー。

【営業】誠にごもっともでございます、先生。ところがでございます、本日ご紹介させていただきます「金キラデンタルオプション」は、今回の「金キラデンタル先物」の失敗を鋭意分析いたしましたスイスイ銀行と村野証券の専門家チームがでございまね、二度とあのようなことのないように金融工学の粋を集めて完成いたしましたものでございます。先生には、どうか大船に乗ったお気持ちで、患者さんだけでなく歯の健康な方々にもどんどんと購入をお勧め下さい。

【歯科医】勧めるゆうてもナー、何せワシもまだサッパリわからんのんやけど……

【営業】それでは、単刀直入に例示してご覧にいれましょう。金キラデンタルオプションの値段表によりますと、今日現在購入する場合、「今後20年間の間のいつでも好きなときに金歯を一本だけ15万円で購入する権利」の値段は2300円となっております。

【歯科医】えー、そらまたごっつう安いやんけ。たったの2300円ゆうたら。

【営業】先生、この値段は金歯の値段ではございません。あくまで、金歯を一本だけ15万円で購入する権利の値段であって、この権利を買って実際に何年かして金歯を入れる場合にはそこで15万円を支払う必要がございます。

【歯科医】なんや、アホくさ。金歯が2300円で手に入るんと違うんか。2300円払うて、おまけに金歯を入れるときはまたお金を払う。そんなアホなことするかいな。そんなん、売れるもんか。

【営業】いえいえ、先生。5年後には一本28万円になる金歯だと思えば、極めてお得なわけです。2300円払って「今後20年間の間のいつでも好きなときに金歯を一本だけ15万円で購入する権利」を買っておくだけで、例えば5年後にその権利を行使しさえすれば15万円で金歯が手に入るのですから。15万円ででございますよ。そのときには、この金キラデンタルオプションを買っていない人たちは28万円払わなければ金歯が買えませんのに。差し引き13万円も得する勘定でございます。見方を変えれば、2300円だけ投資したものが13万円の価値となって戻ってくるわけです。どうです、先生。すごい商品でございましょ？

【歯科医】ふーむ、なるほどな。オタクの社長、なかなか頭使うとんやがな。せやけど、もしその患者さんがえろう歯がようて、19年たっても全然虫歯にならんかったらどないするねん。2300円はまるまる損するがな。

【営業】はい、お察しのとおり、予め設定した期間中に権利を行使するチャンスがない場合には、基本的に2300円は無駄になります。しかし、我が社の強欲社長はそれすら隠してしまうアイデアが閃きました。金キラデンタルオプションの市場を我が社の中に作り、そこで金キラデンタルオプションの売買を仲介することにしたのでございます。

【歯科医】私設金キラデンタルオプション市場ちゅうわけやな。

【営業】さすが、先生。そのとおりでございます。例えば、金キラデンタルオプションとして「今後20年間の間のいつでも好きなときに金歯を一本だけ15万円で購入する権利」を買ってはみたものの、5年たってみたらまだ虫歯が一本もないというような場合、あと15年残っている金キラデンタルオプションを市場に売りに出すのです。市場ではこれに値がつき、例えば虫歯だらけですぐにでも金歯に変えたい人が買うわけでございます。しかも、この虫歯だらけの人が普通に金歯を購入しようとすると、その時点では28万円もかかるわけですから、この15万円で金歯を買う権利というのは、仮に12万円払ってでも、まだ1万円の得になります。というわけで、当初2300円で買った金キラデンタルオプションが、運がよければ50倍以上になって戻ってくることもあるのでございます。

【歯科医】それなら、歯が丈夫な人もこぞって金キラデンタルオプションを買って、投機の対象にしてしまうがな。

【営業】お目が高い！　やはり我が社の社長が見込んだだけの先生でございます。実は、この金キラデンタルオプションというのは、歯の治療目的というよりも、密かに投機目的で利用されるお客様を歓迎しているのです。どうですか、先生。歯の健康診断で歯が丈夫な人に金キラデンタルオプションをそっと耳打ちしてお勧めくださいませんでしょうか。我が社からは先生にご紹介手数料として20パーセントを差し上げたいと思います。健康な人たちですから、実際に先生のところに治療にくることはまずございません。先生はごゆっくりとゴルフでも何でも、美人の歯科助手の方々と楽しんでいてくだされればよいのでございます。

【歯科医】そうかいな、やっとわかったわ。なるほどなー、こりゃー面白いかもしれんなー。しかし、手数料20パーセントゆうても、2300円の20パーセントやこう、ホンマしれたもんや。あんまり儲からんのんと違うか？

【営業】先生、どうかご心配なく。先ほどの2300円といいますのは、あくまでご理解いただくための仮の事例にすぎません。実際の金キラデンタルオプションの価格につきましては、それこそ権利行使可能期間の設定が最短1年ものから最長50年ものに至るまで、それから権利行使可能期間中に我が社の金歯を一本買う値段についての設定が現在の値段から上に1万円刻みであらゆる設定ができ、それぞれの設定について値段が細かく決められております。

【歯科医】ふむふむ。

【営業】しかも、それらの様々な設定による金キラデンタルオプションは我が社の私設金キラデンタルオプション市場において相場の値段がつけられて売買されることになるのでございます。運がよければ１０万円もの値段がついて売れるわけですから、仮に金キラデンタルオプションの価格が２３００円でなくて７万円だったとしても購入希望者が出てくるわけです。如何ですか、先生。

【歯科医】よー、わかった。せやけど、そんな複雑に設定された金キラデンタルオプションのいろんな商品の売買値段や相場は、いったいどないして決めるんや？　おまけに今後何十年もの間の金相場変動にも影響されるわけやし……。もし、金が大暴落してみい、逆に７万円で買うたその何たらオプションゆうんがあったところでやな、その頃の金歯の価格が１万円ポッキシになりよったらどないすんねん。わざわざ、さらに１５万円も払うて金歯いれるアホはおらんで。大損するやないけ。

【営業】確かに。しかし、何も心配ございません。そうなったら、この金キラデンタルオプションの権利を行使しないでさらに金相場が上がる日まで温存しておき、他の人たちのように１万円を払って金歯を購入すればよいだけでございます。あくまで、患者さんが購入なさるのは権利にすぎないのですから。その購入した権利を行使するかしないかは、買った患者さんが判断して、最終的に得になるように利用していただけるわけです。そこがこれまでの

「金キラデンタル先物」との大きな違いでございます。「金キラデンタル先物」では患者さんは将来必ず金歯を入れないといけないわけでございますが、今回の「金キラデンタルオプション」では金歯を入れるか入れないかは最終的に患者さんの損得勘定でご決断いただけるわけでございます。

【歯科医】ふーん、そうなんか。しかし、患者さんにも得になり、アンタとこの会社にも得になり、そいでもってワシらにも20パーセントの手数料が得になるゆうて、ホンマそないうまいこといきまんのか?

【営業】先生、それこそ餅は餅屋。虫歯は歯医者。金キラデンタルオプションといいましても、要するにコールオプションとかいうデリバティブそのものとかで、その値段を決めるのは何でも金融工学とかの理論があって、村野証券やスイス銀行に雇われた数学者が日夜計算しているとか。いえね、私もよくは知らないんですが、ゴルゴ13にも出てきたくらいですから。まあ、ここは一つ、大船に乗った気持ちで私どもにお任せいただき、先生はお客様をご紹介ください。

【歯科医】ゴルゴ13ゆうたら、仕事の前にたいていコールガールのネーチャン呼んどったさかいに、そいでコールオプションゆうんか。

【営業】……はー……。コールオプションと申しますのは、「金キラデンタルオプション」のようにでございますね、原資産を何か購入する権利を商品とした派生商品と聞いております。その反対にでございますね、原資産を何か売る権利というのもやはり立派な派生商品となっているようで、プットオプションと呼ばれるそうでございます。

【歯科医】フーン、ようわからんけど、やっぱコールガールのネーチャンがトップレスで商いしとんのかいな？

【営業】……

デンタルポートフォリオ

数日後、やはり閑古鳥が鳴いている診察室の横では、くだんの歯科医が営業スタッフに無理難題をふっかけつつあった。

【営業】先生、わざわざ先生の方からお声をかけていただき、不祥この私、他の先生方の訪問を全てキャンセルして馳せ参じました。

【歯科医】アンタも、だいぶ社長に似て、調子えーことゆうようになったが。

【営業】先生、ご冗談を。ところで、緊急のご用件とおっしゃいますと、どのようなことでございましょう？

【歯科医】イヤな、他でもないんやが、この前の何タラデンタルチョンボとか何とかゆう投機の話や。

【営業】金キラデンタルオプションでございますね、先生。

【歯科医】そや、その金キラデンタルオプションやが。実は、ここだけの話なんやが、ワシ100本分ほど買うちゃろうか思うてな。そいで、きてもろうたんや。

【営業】これは、これは。先生自ら患者さんに手本を見せる。さすがは、我が社の社長がかねてより見込んでおりましたとおりの先生でございます。いやー、感服いたしました。誠に、ありがとうございます。

【歯科医】アンタ、ようそげんに歯の浮くような台詞いえまんなー。歯医者の歯浮かすゆうんは、立派なもんや。

【営業】いえいえ、めっそうもございません。あの難解で定評のあるデリバティブ商品を一発で見切られた先生の眼力には、私も本当に頭の下がる思いでございます。

【歯科医】そないに頭下げてもろうてもしゃーないワ。頭下げるんは程々にしといて、ワシの話聞いてんか。

【営業】これは、大変に失礼いたしました。うかがわせていただきます。

【歯科医】まず、紹介手数料20パーセントやけどな。これ、自分自身を紹介したゆうことで、当然ワシが金キラデンタルオプションを買うても、ちゃんと貰えるんやろなー?

【営業】いやー、さすがは先生。痛いところを突いてこられます。

【歯科医】あたり前やないけ。痛いとこを突くんが、歯医者の商売や。

【営業】先生ご自身が金キラデンタルオプションをご購入される場合には、実はご紹介手数料はお支払いできないという規約になっております。しかし、長年私どもとお取り引きいただいている先生のこと、ここは私が営業本部長に掛け合って、20パーセントの手数料還元という形ではなく、ご購入代金を20パーセント割り引かせていただくということにさせていただきます。如何でございましょうか?

【歯科医】よっしゃ。そないにゆうてくれるんやったら、ワシも男やがな、100本分まとめて買うちゃるけに。

【営業】先生、誠にありがとうございます。では、早速に契約手続きに移らせていただきます。

【歯科医】契約するんはえんやがな、一つ条件があるんや。

【営業】先生、条件とおっしゃられますと……?

【歯科医】アンタとも、長いつきあいや。ワシの性格も、よう知っとろう。損はしとうない人間やゆう。

【営業】はい、……?

【歯科医】もともと投機の意味で金キラデンタルオプションを買うんやさかいに、損したら元も子もあらへん。まー、結果的に得にはならんかったとしても、最初に突っ込んだ金額だけは戻ってこんことにはなー。

【営業】はい、それはもう、先生のおっしゃられるとおりでございます。

【歯科医】せやろ。せやから、ワシに損させんといてゆうんが、唯一の条件や。

【営業】はー、しかし先生。そうおっしゃられましても、先日ご説明させていただきましたように、金キラデンタルオプションは金相場から派生した金融商品でございますので、万が一金相場が大きく値崩れをおこした場合には、連動して安値となってしまうこともございます。ですから、そのようなときには元本割れという事態も覚悟していただきませんと……

【歯科医】何ゆうとんねん。せやから、さっきから何遍もゆうとるんやないけ。ワシ、損だけはしとうないんや。わかるやろ? 契約するからにはな、絶対に損させんといてんか。

【営業】はい、先生のおっしゃられることは、よくわかってはおるんでございますが。何分にも、市場予測は100パーセント確実というわけにはまいりません。そこを、ご理解いただきませんと……

【歯科医】そらー、アカンわ。100パーセント確実に損はせんゆうんなら契約しちゃろうか思うとったんやが。まー、そないにうまい話はないゆうこっちゃなー。やっぱ、患者さん口説いて金キラデンタルオプション買わせといて、手数料貰うんがベストなんかいな。せやけど、残念な話やなー。手元に動かせる資金があるゆうのに。絶対損せーへんゆうもんがあったら、これ全部突っ込んでもえんやが……。

【営業】先生、実は昨日の経営戦略会議で出た話で、従ってまだ社外秘扱いとなっておりますんですが、特に先生を見込んでお教えいたしましょう。あるんでございますよ、それが。

【歯科医】えっ、あるゆうて、絶対損せーへんもんがあるんかいな？　アンタ、ホンマかいな。

【営業】はい、ございますが、絶対にご内密にお願いします。でなければ、私の首が飛んでしまいますので。

【歯科医】わかってるがな。しかし、ホンマにそんなんあるんか？

【営業】これは、来年から売り出す予定の新手の歯科金融派生商品でございまして、名前を「金キラデンタルポートフォリオ」と申します。金キラデンタルオプションと同様、あの村野証券とスイスイ銀行に開発を委託し、金融数学のプロが最新の理論を駆使して完成させましたものです。

【歯科医】何や、長ったらしい金キラデンタルオプションやっと覚えたとこやのに、もっと長い名前つけおったんかいな。いったい全体、そのポートワインみたいなんは、どないなもんやねん？

【営業】先生、誠に面目次第もございません。私も昨日の営業戦略会議で初めて耳にしたもので、よくはわかりませんが、とにかく絶対に損をしないようなからくりが仕組まれた金キラデンタルオプションの一種のようです。会議でスイスイ銀行の専門家が来てレクチャーしてくれましたが、何分にもリスクをヘッジするとかエッチなクスリだとか、私にはチンプンカンプン。おまけに連中のプレゼンテーションの中身は数式で埋まっておりましてね、ほとんどの営業が頭を抱え込んでおりました。

【歯科医】ふうん、そのバイアグラみたいなんは、数学でもってホンマに損せーへんようになっとるんかいな？　アンタとこの開発部隊がゆうんなら信用できんが、世界に名を轟かせたスイスイ銀行のプロがゆうんなら話は別や。しかしなー、アンタ営業会議で聞いたんやろ。少しは何か憶えとらんのかいな。細かいとこやのうて、ホレ、大まかにゆうて何で損せーへんからくりになっとるんかとか……。

【営業】はー、そうですね。あ、確かレクチャーの最後に出てきた話がありました。要するに、万が一将来金相場が安くなったときのために、金の市場価格とは逆の価格変動をする金の派生商品も同時に抱き合わせで買っておくらしいです。

【歯科医】ほー、そらごっつう頭えーなー。さすがはスイスイ銀行の専門家や。アンタとこの開発部隊とは、えらい違いや。ワシ、早速そのバイアグラみたいなん買うことにするさかい、来年の発売日には契約にきてんか。

【営業】はい、それでは金キラデンタルポートフォリオご購入予定第一号は先生に決まりということで、社の方に戻って社長に報告を入れた上で、発売日を前倒しできるようにプッシュしておきます。ありがとうございました。

デンタルノックアウトオプション

数週間後、やはり閑古鳥が鳴いている診察室の横では、くだんの歯科医が営業スタッフにさらなる無理難題をふっかけつつあった。

【営業】先生、社の方からの緊急呼び出しがございまして、不肖この私、他の先生方の接待ゴルフを途中で放り出して馳せ参じました。

【歯科医】えーっ、ワシそんなゴルフ接待やこう、一遍も受けたことあらへんのに。何や、やっぱ軽う見られとったんやなー。

【営業】先生、めっそうもございません。我が社にも接待規定がございまして、はい、ゴルフ接待は総合病院の院長先生からということにさせていただいておりまして……。この地区の歯科関係では蛍雪大学歯学部附属病院の院長先生だけでございます。ところで、緊急のご用件とおっしゃいますと、どのようなことでしょう？　金キラデンタルポートフォリオの発売は、もう少し先となりますんでございますが。

【歯科医】蛍雪大歯学部附属病院の院長ゆうたら、南河大から栄転していきはったワシの恩師の先生やないけ。何や、あの先生も、好きやなー。まだゴルフから足抜けてへんのやなー。まー、せやったらしゃーないわ。聞き逃しといちゃるわ。イヤな、他でもないんやが、この前の金キラデンタルオプションをぎょうさん買うてもえーゆう患者さんがおってな。

【営業】それはそれは、誠にありがとうございます、先生。

【歯科医】いや、それがなー、これがちょいと難しいおっさんでな。

【営業】難しいとおっしゃられますと……？

【歯科医】ふん、要するにケチゆうか、強欲ゆうか、渋チンゆうか……。ワシがうまいこと説明してな、よっしゃ、そらごっつうエー話やないけゆうて、契約書を渡そうとした途端や。もう少し安うできまへんのか抜かしおんねん。

【営業】はい、そのようなお客様も多ございます。

【歯科医】ところがな、その強欲ジジイゆうたら、ワシがなけなしの手数料取り分20パーセントの半分をくれてやるつもりで、10パーセント引きを提案したにもかかわらず、こないに抜かしおったんや。

【営業】どのように?

【歯科医】10パーセントの値引きやこう、アホらしゅうて船場の丁稚でも買わんわ。センセも男やったら半額にでもしたらどないや、ゆうんやで。ごっつう、腹が立ってな、もうちょっとで強欲ジジイの喉チンコに麻酔の針ぶち込んだろか思うたわ。

【営業】いやー、さすがは先生。よく我慢されました。

【歯科医】まあな、ワシも町内では人格者の歯医者でとおっとるさかいに。まー、そらどうでもえーこっちゃ。それより、アンタとこで強欲ジジイ対策はないんかいな?

【営業】先生、どうかご安心を。私どもの社長、強欲なら絶対に他人には負けておりません。

【歯科医】よっしゃ。そないにゆうてくれるんやったら、安心や。せやけど、社長はんの秘策ゆうたら、いったい何やねん?

【営業】はい、金キラデンタルオプションの購入価格が高すぎてと

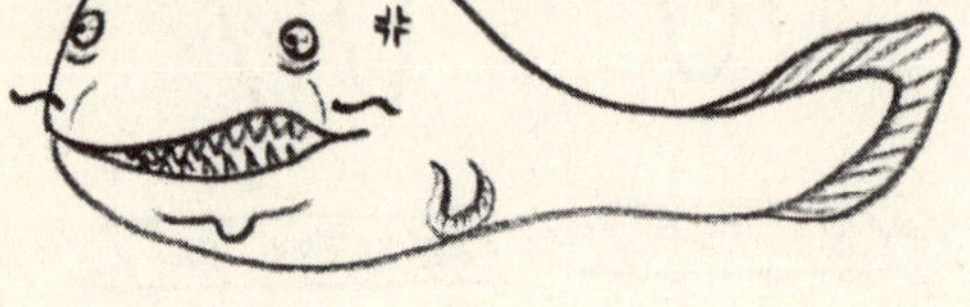

ても手が出せないというお客様層を狙った新商品でございまして、名前を「銀ギラデンタルオプション」と申します。

【歯科医】ふーん、そらまたごっつう強欲な感じの名前やないけ。そいでもって、その銀ギラのんは、ホンマに金キラよりもずっと安いんかいな?

【営業】もちろんでございます。銀ギラデンタルオプションも歯科金融派生商品でございまして、従ってその設定によってお値段も変わってまいりますが、設定如何によっては金キラデンタルオプションの2割程度のものも可能でございます。

【歯科医】アンタ、それホンマかいな? 2割引やったらわからんでもないが、価格の2割ゆうたら、8割引きや! 何や、そないに安いんがあるんやったら、誰も高い金キラデンタルオプションやこう買わんと、端から銀ギラの方を買うわ。

【営業】はい、……。

【歯科医】アンタとこの社長はんも少し焼きが回ったんと違いまっか? 最初っから大損するようなもんや。仮に今日現在購入する場合やなー、「今後20年間のいつでも好きなとき

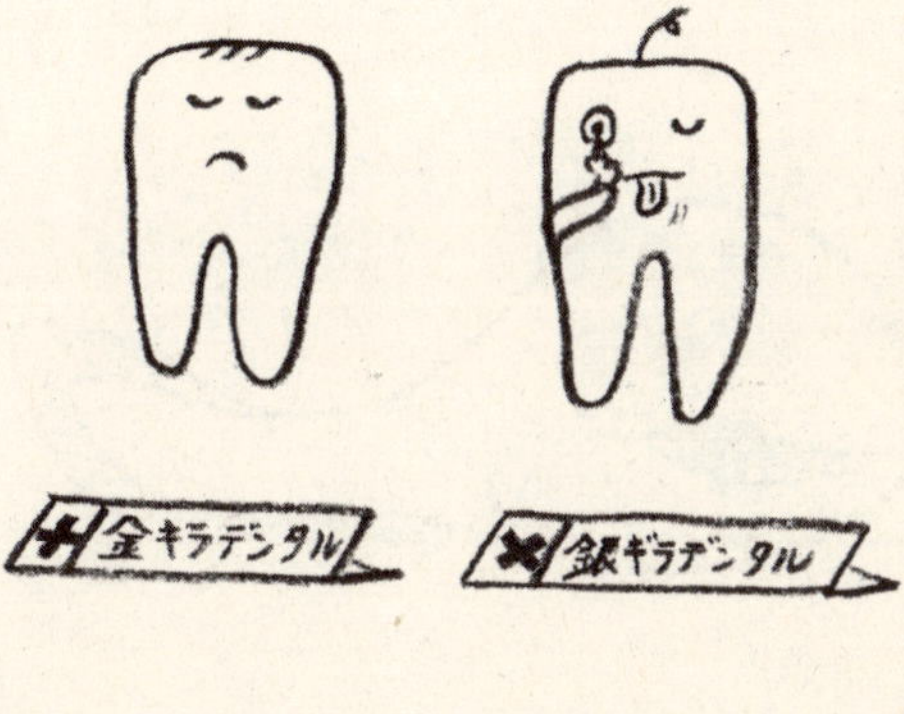

に金歯を一本だけ１５万円で購入する権利」である金キラデンタルオプションの値段は２００００円や。ということはやなー、銀ギラの値段はたったの４０００円やで。大丈夫なんかいな?

【営業】はい、それはもう、我が社にも先生にも損はございません。

【歯科医】ございませんゆーたって、どう考えたところで、銀ギラデンタルオプション買うたモンの勝ちやないけ。

【営業】はー、しかし先生。実は、銀ギラデンタルオプションには大きな落とし穴がございまして……。

【歯科医】落とし穴? いったい、何のこっちゃ、ソレ?

【営業】はい、先生のおっしゃられるとおり、もし銀ギラデンタルオプションが金キラデンタルオプションと同じく無条件に「今後２０年間いつでも好きな

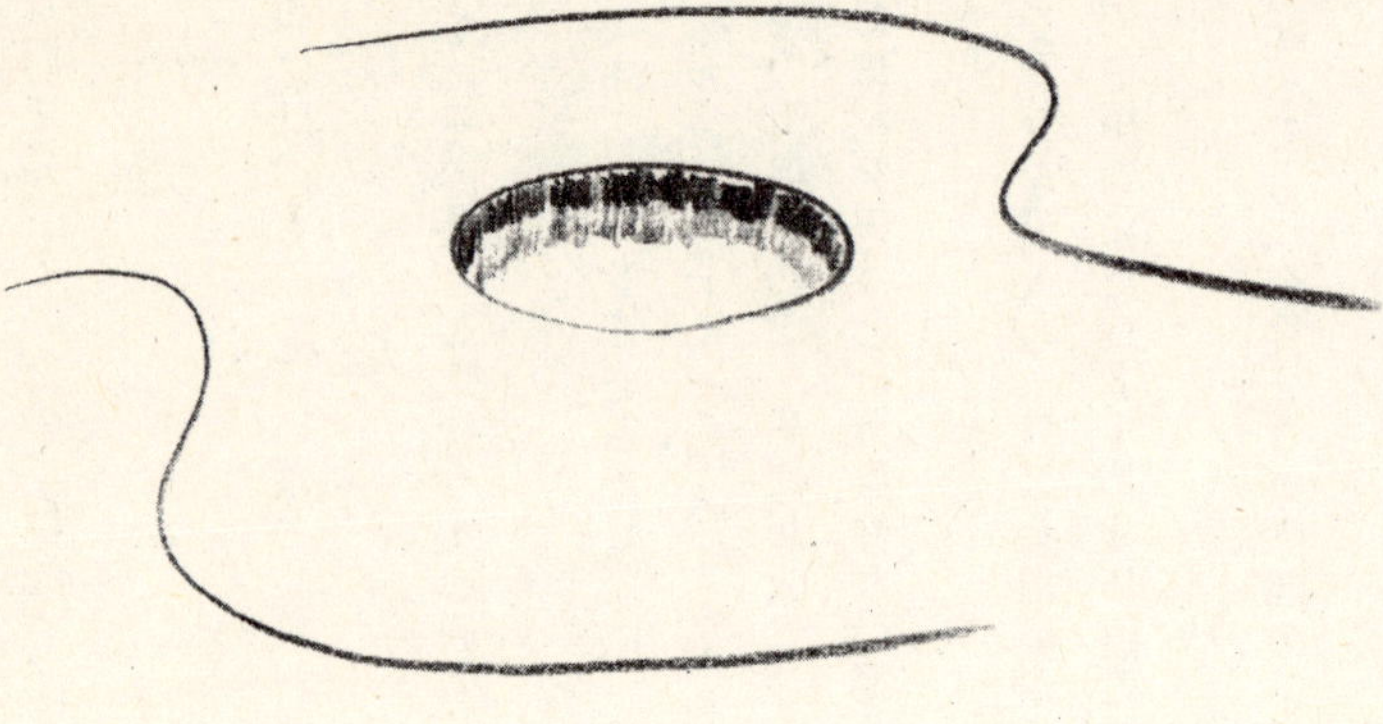

ときに金歯を一本だけ15万円で購入する権利」を4000円で売っていたのでは元も子もございません。

【歯科医】そらー、せやろ。

【営業】ですから、銀ギラデンタルオプションの契約条項の中には、ものすごい落とし穴があるわけです。

【歯科医】何ゆうとんねん。そら、もう聞いたさかいに、早うにその落とし穴ゆうんを説明したってんか。そない、焦らさんと。

【営業】はい、落とし穴と申しますのが、実は銀ギラデンタルオプションにおきましては、例えば「今後20年間の間のいつでも好きなときに金歯を一本だけ15万円で購入する権利」が無条件にあるわけではなく、もし満期までの20年間に金の市場価格が、契約が成立した日の価格よりも200円以上下落した場合には、その時点で権利を失うという条件が付帯しているわけです。

【歯科医】すると、何やな。仮にワシが銀ギラデンタルオプションを購入した日の金相場が28000円やったとして、もし次の日の朝に経済新聞読んで金相場見たら27799円に値下がりしてしもうとったとしたらどないなるねん？

【営業】もちろん、権利が消えてしまうわけですから、どう転んでも「今後20年の間のいつでも好きなときに金歯を一本だけ15万円で購入する」ことはできません。銀ギラデンタルオプションの購入代金4000円をドブに捨てて終わりです。

【歯科医】アンタ、そら詐欺やないけ。アンタとこの社長はん、かねがねえらい欲の深いお人や思うとったんやが、結構一本気のとこもあってお縄を頂戴するようなことはせんはずやと信じとったんや。それが、見損なったが、こないな詐欺商法まで編み出したりしてからに。

【営業】先生、お言葉を返すようでございますが、この銀ギラデンタルオプションは決して詐欺などではなく、やはり我が社が研究委託しております村野証券とスイスイ銀行の専門家チームが開発した、れっきとした金融派生商品、デリバティブでございます。

【歯科医】ふうん、ホンマに村野証券とスイスイ銀行のプロが考えただけあって、激しいもんやな、この落とし穴のからくりは。これやったら、あの強欲ジジイもはまりよるわ。

【営業】はい、もちろんでございます。是非、この銀ギラデンタルオプションをお勧めくださ い。しかし、先生ですから申し上げますが、どうか先生ご自身で投資される場合には、決して銀ギラデンタルオプションにはお手を出さないように。

【歯科医】ほー、やっぱ詐欺まがいやゆうこっちゃな?

【営業】いえ、そこまでは申しませんが……。何でも、このように満期までの途中で原資産の市場価格がある線を越えてしまったら権利自体が消滅するようなデリバティブはノックアウトオプションと呼ばれているそうでございます。安くて買いやすいということで素人が僅かの元手で手を出したあげく、運の悪いときには次の日には何もなくなってしまったということでノックアウトされるらしいですから……

デンタルルックバックオプション

数日後、やはり緊急呼び出しで駆けつけた営業スタッフに対し、くだんの歯科医はいつになく穏やかな顔で話しかけていた。

【営業】先生、社のほうからの緊急呼び出しがございまして、不肖この私食べかけの天丼を残してまで急ぎ参上いたしましたが、何やらあまり切迫したご様子ではないようで……

【歯科医】スマンなー。ソラー、ごっつう悪かったナー。今度駅前の上手い天ぷら屋で上天丼奢るさかいに、かんにんヤデ。

【営業】イエイエ、先生にそのようにおっしゃっていただくと、私のほうが恐縮してしまいます。お気持ちだけ頂戴することにさせていただきますが、今日はまたどのようなご用件で私をお呼び下さったのでございましょうか?

【歯科医】アー、それやがな。この前の強欲ジジイが、案の定にナ、銀ギラのんをぎょうさん買うていきおったんや。ワシ、ごっつう嬉しゅうてナ、早う金の相場がフラついてノックアウトされんか楽しみにしとんねん。

【営業】なるほど、それで今夜は三丁目あたりでパーッと……、というわけでお呼び下さったわけでございますね。どうりで、今日の先生は実にいいお顔をなさってらっしゃいます。

【歯科医】アンタ、ちゃうねん。そら、誤解や。それよりナ、今夜ワシを新宿で接待するお金あんねやったら、その分安うに金キラデンタルオプション売ってあげて欲しい人がおんねん。そいでな、取りあえずアンタに相談しよう思うて、会社のほうに電話入れたんやがな。

【営業】先生、これは私めのとんだ早とちり、ひらにご容赦下さい。で、先生が是非にお安くとおっしゃられる患者さんというのは……？

【歯科医】イヤー、これがナ。ワシも近所の噂話で聞いとったんやが、ウチの町内にエライ立派な年寄りがおるんや。アンタとこの新兵器やゆう銀ギラのんをぶち込んでやったこの前の強欲ジジイとは大違いのナ。

【営業】それはまた、お珍しい話でございますね、先生が他のお人をお誉めになるというのは……

【歯科医】アンタなー、ワシのことよっぽどひねくれた人間や思うとるんとちゃうか？　ワシ

かて、立派なお人は立派やゆうて認めることもあるんやで、ホンマ。現にこうして誉めとるがナ。このお人やけどな、何と長い間区会議員サンしはってたお人や。その間ずっとナ、私財を投じてまで住民の皆さんのために奉仕し抜いてきはったらしいんや。考えてもミー、議員やこうちょっと長うにしくさっとったらナ、すぐに私利私欲に走りくさってオノレの懐を第一に考えるようになるもんや。田舎の村会議員から、そのなれの果ての国会議員にいたるまでナ、私財をなげうつどころか私腹を肥やす連中ばっかしやないけ。ところが、このお人はナ、私財も全部区の行政や福祉のために投じてしもうたし、議員サンのお手当かて地域住民のための福祉活動基金に回さはって、横町のボロ長屋に一人でひっそりと暮らしてはんねん。

【営業】ホー、これはこれは。不肖この私、ついぞそのような立派な政治家の方がおられるなどとはつゆ知らずでございました。政治家といえば母校の帝都西北大学弁論部のOBの中にもごまんとおりまして、口の軽い連中ほど総理総裁になりたがっておりましたが、私財をなげうってまで国民のためにつくすなどという考えなど、たとえ酒席といえども耳にしたことはございませんでした。それが、こちらの区会議員サンの中にそのような高い志をお持ちのままで政界を離れられた先生がいらしたとは……、イヤー、そのような先生にこそ我が国の将来を託したかったのでございますが……

【歯科医】マー、もう引退しはったんやから、しゃーない思うてあきらめるしかおまへんナー。政治家がこのまんま日本を食いつぶしてしまうんは時間の問題や。せやけどナ、ワシその前にこの元区会議員の立派なお年寄りの歯だけはマジに直しといてあげたいんや。それが、昼前に突然にきはってな、虫歯が疼くいいはって。

【営業】なるほど、その立派な滅私奉公の元政治家の方は先生の患者さんだったのでございますか。

【歯科医】イヤ、昼前に初めてきはったんやけど、これがまたぎょうさん虫歯になってはってなー、今後数年間に十五、六本は金歯にせんといかんのんや。ところがナ、さっきもゆうたとおり、年金も区の福祉基金に寄付しとって家賃と食費と光熱費以外に回せるお金は持ってへんねや。せやから、老齢者の診療ゆうことでアマルガム被せて安うにしたげんといかんねやけど、考えてミー、区民のために身銭を切って尽くしてくれはったお人やないけ。せめて金歯にしたげたいんや、ワシ。

【営業】さすがは東京23区きっての人格者の誉れの高い先生、その立派な元政治家の先生に優るとも劣らぬ高潔さでございます。私、もはや最大限に感服いたしましたでございます。

【歯科医】アンタなー、そないに大げさにいわんでかまへんさかいにナ、ワシの心意気汲んでくれるんやったら何とかこの立派な元区会議員のお年寄り、助けたってーな。社長ハンにかけ合うてやな、販促の一環やゆうことでタダにしちゃるとか……。マー、あの強欲渋チン社長が首を縦に振るとも思えんけどなー。

【営業】ハー、先生。不肖この私めも先生のご高潔のお志、痛いほどわかりますんでございますが、……この前もご説明申し上げましたとおり、私利私欲を肥やすことしか考えていない政治家と、そのイエスマンに成り下がった監督官庁の小役人どもの浅知恵で振り回されております業界のこと、政治家にも小役人にもつながらない一般人の中に、それ以上に優遇される特定のお客様を想定するような商行為はきつく禁じられております。

【歯科医】マー、しゃあないんかなー。ワシとこがも少し流行っとったらナー、他の強欲ジジイの患者から何倍も治療費取って、そいでもって立派なお年寄りの金歯タダにしちゃることができるんやが……

【営業】イヤー、さすがは先生。まさに現代の鼠小僧ではございませんか。ようがす！　先生が生粋の浪速男児でらっしゃるなら、不肖この私はチャキチャキの江戸っ子。鼠小僧の先生をお助けしないわけには参りません。そこででございますが、このようなお話では如何でございましょうか?

【歯科医】アンタ、ごっつう見直したがナ。ほんで、どないな話や?

【営業】ハイ、実は私めの個人渉外費、つまりは営業本部長の決裁のいらない、早い話が私の自由に使えます接待費の枠がでございますね、月に10万円程ございます。とは申しましても、私めの担当いたしております先生方の中には最初から接待をあてにしていらっしゃる向きもございまして、何とか工面して先生のほうのご接待に月6万円をあてさせていただくことを6ヶ月ほどなら続けさせていただけます。

【歯科医】ホー、アンタも厳しい接待費の枠の中でようがんばってきはったんやナー。せやったら、お言葉に甘えさせてもらうわ。取りあえず、3本だけは金歯入れられるさかいにな。ホンマ、オオキニ。ワシ、感謝してまんねや。しかし、ホンマは半年で6本のペースで二、三年治療続けたらエンやけど……。そこまでゆうてもろうてナ、その上こないなことゆうんは何やけど、アンタとこでこないなモンはないんかなー?

【営業】どのようなものでございましょう、先生?

【歯科医】ホレ、この前の強欲なクソジジイの患者を落とし穴に突っ込んだった銀ギラゆうんがあったがナ。あれやこう、ホンマ患者がごっつうソンするようになっとって、それがホレあの天下の村野証券やスイスイ銀行のプロが作った下痢腹商品やゆうたやろ。

【営業】銀ギラデンタルオプションでございますね、先生。ただ、下痢腹商品ではなく……デリバティブ、金融派生商品と申しますが……

【歯科医】マー、どっちゃでもエーがな。そいでナ、金融のプロやゆうんやったら、スイス銀行や村野証券の連中にゆうてな、銀ギラのんと全く逆の下痢腹商品作ってみたらエーんとちゃ

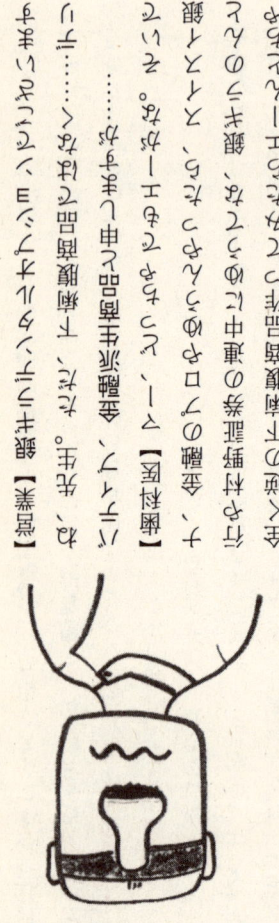

うか? 銀ギラのんは患者がごっつう損しおるけど、その反対に患者がごっつうに得するゆうやっちゃ。マー、アンタの会社はごっつうソンするかもしれんけどなー。

【営業】先生、私どももできる限りのことはいたしたいのではございますが、何分にも会社がつぶれては話になりません。従いまして、銀ギラデンタルオプションの反対で我が社のほうに落とし穴が向けられている商品開発というのは、いささか無理がございます。

【歯科医】フーン、せやナー。ホンマ、アンタのゆうことわからんことないねん。せやけど、この立派なお年寄りのこと考えたらナー。せめて、ワシに相場師みたいな能力があってナ、金の相場が三ヶ月後に暴落するゆうんが予知できてミー、アンタが接待費の枠から絞り出してくれはる合計36万円を金歯が安うなる三ヶ月後に全額投入するんやのになー。そんとき

の金歯の相場が2万円位になっとってミー、立派なお年寄りの虫歯全部に金歯被せられるやないケ。クソー、ワシ、ホンマ無力な自分が情けないわ。マー、それにやな、たった一日だけ金が大暴落したかて、次の日には反発して高騰してしもうたら終わりや。たった一日で十本以上も金歯入れるやこう、無理な話やシ。

【営業】先生、そういえば昨日の営業戦略会議の最後に、やはりスイスイ銀行の専門家によるレクチャーがございまして。何でも近々我が社が発売する予定の新手の歯科金融派生商品の開発がほぼ終了したということで、そのあらましを全営業部員に説明したわけでございます。ただし、発売がいつになるかはまだ決まっておりませんが……。イヤー、やはり金融工学とか何とか申しまして数式の埋まった説明書をですね、必至で眠気をこらえながらながめておりました。その中にでございますね、確かたとえ一日あるいはもっと極端な場合たとえ一瞬であっても金の相場が大暴落した場合には、直後に市場が大反発して数倍も高騰したとしてもでございますね、契約満期までは大暴落したときの価額で金歯を売らなければならないというリスクがあると書かれておりました。そのようなわけで、この新しい歯科金融派生商品の発売のタイミングをスイスイ銀行の専門家がうかがっているそうでございます。社のほうのリスクをできるだけ少なくするために、金相場が荒れていない時期に発売するとか……。既に商品の名前までは決定ずみとかで、「金キラデンタル見返りオプション」とか聞いております。

【歯科医】フーン、ようはわからんけど、何でその見返り美人みたいなんは、ごっつう患者ハンに都合ようなっとんねん?

【営業】ハー、それがでございますね。一応スイスイ銀行の専門家の説明によりますと、何でも金融派生商品の種類としてはルックバックオプションとかいうものを世界で初めて歯科金融派生商品に応用したそうでございまして。

【歯科医】何や、よけいにわからんナー。そのプロレスみたいなんはエーから、見返り美人のほうを具体的に説明したってんか。美人のほうを。

【営業】これは、大変に失礼いたしました。それでは、不肖この私めが聞きかじって参りました具体例でご説明申し上げます。「金キラデンタル見返りオプション」も金キラデンタルオプションそのものではなく、銀ギラデンタルオプションのように色々と付帯条件がついた歯科金融派生商品でございます。銀ギラデンタルオプションにおきましては、例えば「今後１０年間のいつでも好きなときに金歯を一本だけ１３万円で購入する権利」が無条件にござ

いましたわけではなく、もし満期までの10年間に原資産である金の市場価格が、契約が成立した日の価格よりも200円以上下落した場合には、その時点で権利を失うという条件が付帯してございました。

【歯科医】せやがな、せやがな。ホンマ、恐いモン考えだしおったんや、村野証券のプロが。

【営業】ハイ、誠にごもっともでございます。知らずに手を出した素人さんが、安いからとたくさんご購入されたあげく、一晩寝て起きたら全てを失っていたということも珍しくないとかで、ノックアウトオプションと呼ばれましたから……

【歯科医】ところで、銀ギラのんはもうようわかったさかいに、今度の見返り美人のほうの落とし穴ゆうか、付帯条件ゆうんは何やのん?

【営業】先生、これがノックアウトオプションのように患者さんの側の大損につながるような条件では決してございません。従いまして、お客様にとりましては落とし穴というようなものではなく、どちらかといえば天国から地獄に下ろされた蜘蛛の糸のようなものでございます。運良くこの蜘蛛の糸を上ることができれば、地獄から天国へと逃げることができますように、運がよければ大変にお得な結果となる条件でございます。

【歯科医】アンタなあ、さっきからソレを聞いとんねやが。そないに焦らさんと、早うソノ蜘蛛の糸みたいな条件ゆうてミー、ホンマ。

【営業】これは、大変に失礼いたしました。申し訳ございません。何分にも、私自身が理解不足でございまして……。しかし、恥を忍んでご説明させていただきますと、例えばこのようになります。

【歯科医】フム、どないになるんや?

【営業】ハイ、仮に私が患者さんといたしまして、先生のお見立てによりますと今後半年ほど通院を続けて金歯を都合十本入れるといたします。そこで、普通でございましたら金キラデンタルオプションを十本分ご購入いただくか、あるいは金キラデンタル先物なり金キラデンタル直物でやっていただくか、いずれにしましても相当額の出費が必要となってまいります。

【歯科医】そうやがな、そうやがな。アンタとこの金歯、金キラにしても高いしナー、といって安い銀ギラのんにしたら大損するかもしれん……

【営業】まさに先生のおっしゃられるとおりでございます。しかし、もし患者であるこの私が契約期間6ケ月の「金キラデンタル見返りオプション」を十本分購入いたしましたといたします。そして、購入して1週間後にでございますね、たまたまどこかの天才化学者が海水の中から幾らでも安く金を抽出できる発明をしたという噂が広まったために、金の相場が世界的に大暴落いたしまして、それに連動しております金歯の価格も1本1万円ポッキシになったといたします。ところが、1本1万円になった1時間後にでございますね、その化学者というのがトンでもないペテン師で、FBIに詐欺で逮捕されたことがニュースで流されたとします。金市場関係者は安堵し、再び前日値付近の相場に戻ったため、金歯の価額も1本12万8000円程度で安定し、その後の6ヶ月は小動きを見せながら徐々に値上がりをしていったというわけでございます。

【歯科医】フーン、しかしナー、たった1時間ほどの間だけ1本1万円ポッキシになったとしてもやな、ちょうどその1時間の間に歯科医院から注文の入った金歯やこう、数がしれとるわ。結局ホンマに悪運の強い奴だけがタダ同然で金歯入れたとしても、他の大多数の患者ハンには何の関係もないゆうこっちゃ。そんなもん、いくら見返り美人買うとったゆうてもな、何の得にもならへんのとちゃうか？

【営業】イエイエ、先生。お言葉ではございますが、患者であるこの私めが「金キラデンタル見返りオプション」を10本分購入いたしておりましたおかげでございますね、満期日までのいつでも1本1万円ポッキシのお値段で合計10本まで我が社の金歯を入れることができます。

【歯科医】エー、そらまたごっつう得することになりまんがな。しかし、何でまたそないにエーことになるんやねん？

【営業】ハイ、これがいたって簡単なことのようでございまして……。要するにでございますね、銀ギラデンタルオプションにおきましては満期日までの間に原資産である金の市場価額が予め契約時に設定いたしました価額よりも下がった場合には、金歯の購入権利を失うとなっておりました。ところがでございますね、金キラデンタル見返りオプションにおきましては満期日までのいつでも金歯購入の権利を行使することができ、そのときの購入価額としては金キラデンタルオプションのように予め契約時に決定した価額ではなく、権利行使日から満期日までの間の最も安い価額が適用されるわけでございます。そのためにですね、このように満期までに金相場がたとえ短期間といえども大荒れになる場合には、患者さんにとって非常にメリットのある魅力的な歯科金融派生商品となるわけでございます。

【歯科医】エーがな、エーがな。これやがナ。これがあってミー、アンタが工面してくれはった接待費の36万円全部使うて見返り美人買うたげたらえんねやが、あの立派な元政治家のお年寄りに。1本1万円やったら、36本も金歯入れられるやないケ。

【営業】イヤー、先生。先ほどの1本1万円ポッキシと申しますのは、あくまでもしそのような瞬間的な金の大暴落があったらという仮定の上での話でございます。従いまして、安定成長を続けております現在の世の中ではそこまでの相場変動があるとは思えませんので、運がよくても1本10万円台前半の価額になれば上出来ではないでしょうか。それに、この金キラデンタル見返りオプションは、確かにお客様にとって大きなメリットを生む可能性を持つ歯科金融派生商品でございますので、その分だけ金キラデンタルオプションよりも高い価格設定となるようでございます。銀ギラデンタルオプションがお客様にとってデメリットとなる可能性があったために、お値段も極端にお安くなっていたのと対照的でございます。

【歯科医】かまへん、かまへん。見返り美人をワシが買うてからナ、すぐに経済新聞社に匿名電話入れてやんねん。「アンサン、何でも南河大の理工学部の先生が日本酒から金を作る方法を発見したんや。コレ、秘密やで」ゆうたってミー、次の日にゃー金相場は大暴落しおるで、ホンマ。

【営業】……

デンタルエイジアンオプション

くだんの歯科医が経済新聞社に流したガセネタは完全に無視されたのだが、時期を同じくして金相場は大荒れとなり、短期間の間に暴落と高騰とを何度も繰り返すという相場師泣かせの様相を呈した。それは、世界一のコンピューターメーカーである国際事務機がアラブ石油産油国から発注を受けた総計1000台以上もの最新型の超大型コンピュータシステムの初号機納品式から始まった。アメリカ合衆国大統領も臨席する国際的な式典の最中、アラブ石油産油国に38人いる

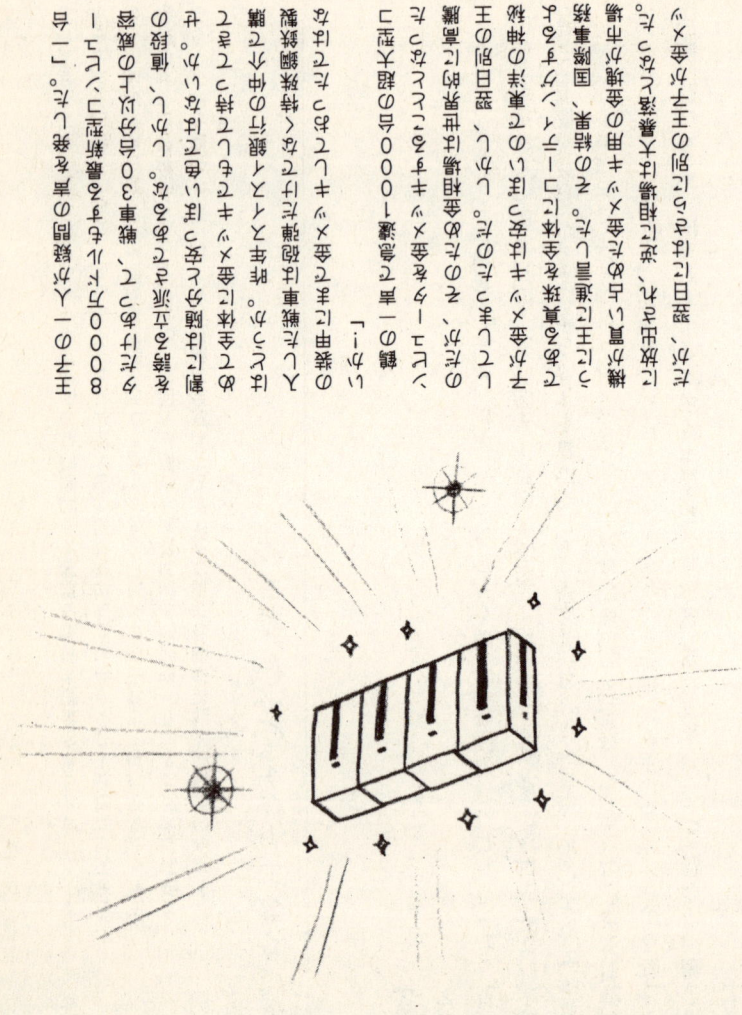

王子の一人が疑問の声を発した。「一台8000万ドルもする最新型コンピュータだけあって、戦車30台分以上の威容を誇る立派さであるな。しかし、値段の割には随分と安っぽい色ではないか。せめて全体に金メッキでもして持ってきてはどうか。昨年スイス銀行の仲介で購入した戦車は砲弾だけでなく特殊鋼鉄製の装甲にまで金メッキしておったではないか！」

鶴の一声で急遽1000台の超大型コンピュータを金メッキすることとなったのだが、そのため金相場は世界的に高騰してしまったのだ。しかし、翌日別の王子が金メッキは安っぽいので東洋の神秘である真珠を全体にコーティングするように王に進言した。その結果、国際事務機が買い占めた金メッキ用の金塊が市場に放出され、逆に相場は大暴落となった。だが、翌日にはさらに別の王子が金メッキの上に真珠とダイヤを散りばめることを要求。金相場はまたまた急激に高騰してしまう。38人の王子の全員が勝手な意見を述べたため、国際的な金相場は極端な高騰から極端な暴落の間を変動し続けた。

海の彼方の日本においても、強引に「金キラデンタル見返りオプション」を前倒し購入していた立派な元区会議員のお年寄りは、その後半年間のいつでも好きなときに金相場の大暴落時での金歯の値段で金歯を入れることができ、無事タダ同然で治療を完了した。

だが荒れ続ける金相場を前に、金キラデンタル直物の価格だけでなく、金キラデンタル先物の市場価格も、金キラデンタルオプションや銀ギラデンタルオプションなどの歯科金融派生商品の市場価格までもが大荒れとなり、多くの患者が金歯から離れてセラミック義歯へと流れていった。

【営業】先生、本日は我が社の命運をかけました最新型の歯科金融派生商品をご紹介にあがりました。

【歯科医】フーン、ようはわからんけど、アンサンにはこの前の金ピカの見返り美人を前倒しで売って貰うた貸しがあるよってナー。おかげで、あの立派なお年寄りの虫歯全部をタダで金歯にしてあげれたんやさかい、無視するわけにはいかんわ。それにな、最近の金歯ゆうたら、昨日一本14万円で入っとったんが今日にはモー一本6800円になったり、これが明日には一本46万円になるかもしれんゆうてナ、まともな患者ハンは誰も金歯やこうに見向きもせんようになってしもうて、ウチとこかてやっぱ閑古鳥鳴きおる。暇つぶしにエーけん、その最新型ゆうのん、早う説明してミー。

【営業】ハイ、まさに先生のご指摘のとおりでございまして、最近の国際的な金相場の大荒れ模様のあおりをくいまして、金歯の相場だけでなく我が社がこれまで立て続けに発売してまいりました世界初の歯科金融派生商品の価格も不安定となり、多くのお客様が金歯に対するご興味を失われつつあるようだという調査結果もございます。ところが、アラブ石油産油国の王子様たちの気まぐれはまだまだ終わりそうもなく、金相場の大荒れは収まりそうもございません。このままでは、東京の下町にある多くの零細金歯加工業者さんは廃業に追い込まれ、結果的に将来の金歯の品質管理に悪影響を与えかねない状況でございます。

【歯科医】なるほどナー、昔から風が吹けば桶屋が儲かるゆうけど、アラブの石油成金がゴネたら江東区にある金歯の町工場が潰れるんや。そいでもって、最後に泣くんは、やっぱ何も知らん善良な患者ハンやゆうこっちゃ。ホンマ、ワシごっつう腹立ってきたがな。クソー、ワシにテポドンでも持たせてミー、アラブ石油産油国にぶち込んでやんねや。

【営業】先生のお怒り、誠にごもっともでございます。私どもの会社とて、下町の零細金歯加工業者さんあってのもの。日頃は下請け泣かせとの評判が高い私どもの強欲社長ではございますが、これが意外にも温情家の一面もございます。アラブの石油成金のせがれぶんざいに可愛い下請け工場の連中をコケにされたのでは黙っておれんと申しまして、提携いたしておりますスイスイ銀行と村野証券の専門家チームを倍増して再びタコ部屋状態で働いていただきました。その結果、この大荒れの金相場の下でも安定した取引価格を維持することが可能な新しい歯科金融派生商品の開発に成功したわけでございます。

【歯科医】ホー、さすがは社長ハンや。強欲やゆうんは、あくまで商売に厳しいゆうだけで、ホンマは心根の優しいお方やったんや、ヤッパ。しかしナー、いくら下請け思いの社長ハンが村野証券やスイスイ銀行のプロの連中をタコ部屋に押し込んだところで、そないにうまくいくとも思えんねやけど。金相場がフラついとるんは、あくまでアラブの石油成金のバカ息子どもが好き放題やりおるからとちゃうか？　せやったら、その原因であるバカ息子どもを懲らしめるために、怪傑ハリマオのオッサンを送り込むとか何とかしたほうがエーに決まっとるがナ。ゴルゴ13の漫画見たってミー、遺伝子操作した穀物で世界市場を牛耳ろうとしとる国際穀物シンジケートの悪企みを、たった一発の弾丸で打ち砕いたゆうストーリーがあったがな。アンタの会社の地下室で金融のプロの連中叩いたところで、原因となっとるバカ息子どもは海の向こうやがな。ソンナン、端から無理やないケ。

【営業】ハー、お言葉ではございますが先生。スイスイ銀行の専門家にいわせますと、大荒れに荒れた相場がいくら続いたとしましてもでございますね、連日の激しい上下変動の部分を平均的にならしてやりますと、これが意外にもおとなしい緩やかな変化になるとか。何でも、荒れる相場はじゃじゃ馬馴らしと同じで、平均操作でならしてやらなければならないという金融工学の常識だそうでございます。

【歯科医】フーン、じゃじゃ馬馴らしゆうたら、南河大の歯学部に入り立ての新入生はおとなしいんからごっつう激しいんまで、ホンマ十人十色やったけどナー。ところが6年たって卒業する頃にゃー、どういうわけかどいつもこいつも同じような歯医者になっとったもんや。あれもならされてしもうとったんやナー。確かに凸凹しとったら使いにくいし、全部が同じくらいやったら都合エーさかいな。それと同じで、連日の金相場が凸凹しとってごっつう使いにくいゆう場合やったら、金相場の凸凹をならしてから使うたらエンやな。

【営業】イヤー、さすがは我が社が提携しておりますスイスイ銀行の専門家集団も一目置かざるを得ない先生でございます。一を聞いて百を知るとはまさに先生のこと。不肖この私、またまた驚愕とともに感服いたしましたでございます。

【歯科医】マー、そないにゆうほどのこともないんやがナ。ワシも南河大におった頃は他の学生よりは数学もできとったさかいに。マー、偏差値が日本一低い大学の中で自慢してみてもしゃーないけどナー。ところで、その金相場の凸凹をならして使うゆうんは、具体的にゆうたらどないな仕掛けになっとんのや？　ちょいと、わかりやすうに教えてんか。

【営業】ハイ、これは大変失礼をいたしました。先生が見切られましたこの新製品でございますが、名前を「金キラデンタル穴埋めオプション」と申します。

【歯科医】穴埋めゆうたら、何かワシがヘマして虫歯と違う隣のまともな歯にドリルで開けてしもうた穴をコソコソ埋めとるゆうイメージがあって、あんま売れそうもない名前やなー。いくらスイスイ銀行のプロが考えたゆうても、穴埋めじゃあしゃーないで、ホンマ。

【営業】ハー、これはあくまで我が社の企画の連中がつけました名前で、本来の金融工学でのデリバティブの種類としてはエイジアンオプションと呼ばれるそうでございます。従いまして、委託しております開発部隊のほうからは金キラデンタルエイジアンオプションという名前の提案がございましたが、これではアジア向けのつまらん商品かと誤解されてしまうという社長の鶴の一声で「穴埋め」が採用された次第でございます。いえね、エイジアンというのはアジアという意味ではないとスイス人の担当者が社長に詰め寄ったのではございますが、運悪く社長が「それではエイジアンオプションの本当の名前は何だ?」と聞いてしまい、そのスイス人は何の考えもなく金融工学での用語として「エキゾティックオプションだ!」と答えてしまったわけでございます。

【歯科医】エキゾティックゆうたら、やっぱフィリピンやタイのキャバレー連想しまんがナ。今でこそエスニックとか何とかゆうとるカレーライスの宣伝かて、昔はエキゾティックゆうとったがナ。そらー、アンタとこの社長ハン、誤解の上塗りしてしまうんは当たり前や。それに、強欲なだけやのうて、好きモンやさかいに……現地の綺麗な女性が腰ミノつけて踊っとるイメージが強烈やったんとちゃうか？

【営業】ハイ、お察しのとおりでございまして。激怒しました私どもの社長、すぐにそのスイス人の担当者を成田経由で強制送還いたしまして、スイスイ銀行から後任が送られてくるまでの間だけ村野証券の課長をプロジェクトリーダーに命じました。その村野証券の課長が「穴埋め」と名付けたのでございます。

【歯科医】なるほどナー。昔バブルが弾けおったときに、村野証券ゆうたらあちこちの企業や団体に裏で損失補塡しとったとこヤ、そらー穴埋めだけは得意かもしれんナー。

【営業】……とにかくでございます、この「金キラデンタル穴埋めオプション」と申します新商品はでございます、私どもの歯科金融派生商品第1号でございました「金キラデンタル先物」と同じく、例えば6ヶ月先に金歯を1本私どもから購入するという契約を商品としたものでございます。もちろん、「金キラデンタルオプション」のように、今後10年間の間のいつでもすきなときに私どもの金歯を1本入れるという契約も商品化できております。

【歯科医】何や、それやったら前に持ってきた金ピカのスリッパと同じやないケ。そんなん、どう転んでも新製品やあらへんわ。やっぱ、村野証券の課長クラスの考えることゆうたら、損失補塡の穴埋めくらいのこっちゃ。アンタ、社長ハンにゆうて、早うにスイスイ銀行の担当者呼び戻したほうがエンちゃうかー?

【営業】イエイエ、お言葉ではございますが、先生。この「金キラデンタル穴埋めオプション」のからくりを考案いたしましたのはあくまでスイス銀行の専門家チームでございまして、ただエイジアンとかエキゾティックという東南アジアおっさんツアーを連想させる名前がいかんということで村野証券の担当者が如何にも下町的な名前をつけただけでございます。それにでございますネ、この「金キラデンタル穴埋めオプション」におきましては、お買い上げいただきましたお客様が実際に権利を行使して我が社の金歯を1本ご購入される場合の購入価格が、これまでの「金キラデンタルオプション」や「金キラデンタル先物」などとは大きく違っております。

【歯科医】フーン、確か金ピカの履き物のんは契約を購入した時点での金の先物相場で決まるゆうとったし……、金キラ何タラチョンボゆうんは権利を購入した時点で金歯のいろんな価格設定ができて、そいでもって権利の購入値段自体いろんなんがあったわナー……

【営業】さすがは先生、難解で定評のある我が社の歯科金融派生商品を既にそこまで見切っていらっしゃるとは。村野証券の連中もよく豪語しておりますが、何でも金融業界では35才ルールというのがございますそうで、35才以上の人間にはデリバティブのからくりは理解できないそうでございます。実際、私が営業におじゃまさせていただいております歯科医院の先生方では、他に誰一人としてデリバティブのデの字もおわかりになっていらっしゃいません。イヤー、不肖この私、とことん平伏いたしました。やはり、かねてより私どもの社長が申しておりますように、先生はケダモノ、いえいえ、タダモノではございません。

【歯科医】ホンマのことはポロッと出るもんや、アンタ。そないにおべんちゃらゆうてもな、ホレ、アンタとこの社長ハンがいつもワシのことケダモノのようなやっちゃゆうてるん、丸見えやがナ。マー、そないなことはエーさかい、その穴埋めのんはどないにして金歯の値段決めますのヤ?

【営業】ハイ、それでございますが……。例えば6ヶ月先に金歯を1本私どもから購入するという契約を商品とした「金キラデンタル穴埋めオプション」を購入した患者さんがでございますね、満期となりました6ヶ月後に私どもから契約どおりに金歯を1本お買い上げ下さるときの金歯の価格は、ご契約が成立した日から満期となる6ヶ月間における金歯の市場価格の平均値として決められるのでございます。

【歯科医】50人の人間がおったとして、一人一人の体重を50人分全部足し合わせて、そいでもって50でわり算したもんが体重の平均値やったわナー。これやったら、偏差値最低ランクの南河大しか出てへんワシにかてわかるんや。せやけどな、6ヶ月間の金歯の市場価格の平均値ゆうたら、赤門大か四条河原町大出てへんといかんのんとちゃうか?

【営業】イエイエ、滅相もございません。私のような帝都西北大出の者にも理解できましたでございます。ここは、このようにお考え下さい。一ヶ月間には営業日が２０日あるとしまして、６ヶ月では１２０営業日でございます。この１２０営業日の取引終了時点での金歯の市場価格を見ますと、毎日違う価格となっております。

【歯科医】セヤ、最近は特に市場が荒れとるさかいに、価格のごっつう高い日とごっつう低い日とが入り乱れて大変ヤ。ホンマ、石油成金のボンクラ息子どもが好き勝手しおるさかいに。

【営業】ハイ、そこで全部で１２０個ございますこの１２０営業日での金歯の市場価格を全部足し合わせてから、その結果を１２０でわり算いたします。そうして得られたものが、６ヶ月間での金歯の市場価格の平均値ということになるわけでございます。

【歯科医】何や、それやったら身長や体重の平均と変わらへンねや。なるほどナー、きちんと教えて貰うたら、南河大出のワシにかてわかるようになるもんや。ホンマ。

【営業】そのようでございます。同じようにでございますね、例えば今後１０年間のいつでもすきなときに私どもの金歯を１本入れるという契約を商品化した「金キラデンタル穴埋めオプション」をご購入下さった患者さんが、ご購入後２０日間でどうしても権利を行使して金歯を１本入れなければならなくなったといたしましょう。このときも、その権利行使時点で患者さんから金歯の代金として私どもにお支払いいただく金額はでございますね、その日の金歯の市場価格ではなく、「金キラデンタル穴埋めオプション」をご購入いただいた時点まで遡った20日間での金歯の市場価格の平均値ということになります。

【歯科医】フーン、その金ピカの穴埋め計算は何とかわかったけどナー、何でそないな面倒な平均値の計算してまで金歯の値段決めなアカンのん?

【営業】ハイ、まさにそれでございます、先生。このように権利行使時点での売買価格をでございますね、過去に遡ったある期間の市場価格の平均値とするような金融派生商品は一般にエイジアンオプションと呼ばれ、原資産の市場変動が激しい場合にも荒れのない緩やかな価格変化が保証されるため、特にこのたびのような国際的な金相場が台風に突入した場合にも長期的視野に立った値崩れの少ない安定な金歯取引が可能となるそうでございます。しかもでございますね、市場における突発的で偶発的な要因による予測不可能な価格といえども、それらを平均した値というのは不思議にもある程度予測できるようになるとか……

【歯科医】なるほどナー。マー、金融工学とやらのプロの連中がするこっちゃさかい、間違いはないんやろうけど、平均値とったら激しい市場変動がならされるんはわかるんやけど、おまけに予測できるようになるゆうんは何でやのん?

【営業】ハー、実は私めもよくは理解していないのではございますが、何でも中心金融定理とかいう数学の大低利、イヤ、大定理がございますそうで……。それによりますと、どのような予測不可能な動きを見せる価格変動であっても、それらをたくさん集めて足し合わせたり平均値をとったりしますと、これが非常に質のいい型にはまった動きしか見せなくなるそうでございます。

【歯科医】フーン、数学でそないなことまでわかるんかいな。そらまた、ごっつうびっくりしたがナ。数学ゆうたら、何の役にも立たん金持ちの道楽みたいな学問や思うとったんやが、コラー思い違いしとったんやなー。中心金融定理やゆうて、ホンマ、無策続けとる日銀のオッサンに教えてやりたいもんやナー。これがホンマの中心金融低利やゆうて。

【営業】イヤー、先生お上手で。

【歯科医】話変わるけど、ワシなー、昔からパンダ自動車の株持ってまんねん。

【営業】パンダ自動車といえば、今やジイサン自動車を抜いて業界2位ではございませんか。配当もおよろしいようですし、もし手放されるようでしたら是非にも私めに……

【歯科医】いくらトチッタ自動車に次ぐ業界2位やゆうてもナ、最近のパンダ自動車の株価はイマイチや。昔やったらナ、そらードン底のときもあったけど、激しゅうに右上がりに業績延ばしてごっつう配当つけたときもあったんや。ワシかて、パンダがF1で優勝したときやこう、社員でもないのに熱うなったもんや。せやけど、大きゅうなって安定してしもうたんはエーけど、今のパンダ自動車、何か冷めとるゆうか、昔の何しでかすかわからへんゆう面白さがのうなってしもうた……

【営業】 先生、お察し申し上げます。しかし、パンダ自動車も今や押しも押されもせぬ一流大企業でございます。創業者も他界されてしまったことですし、やはり大企業病にかかっておいでなのでございましょう。

【歯科医】 大企業病？　何や、ソレ？

【営業】 ハイ、これまた中心金融定理の教えるところとか……。何でも、少数精鋭でスタートしたベンチャー企業が華々しく業績を上げていき、次第に会社が大きく発展して従業員の数も増えてくる頃にかかってしまう病気とかで。要するに、少数の人間しかいない会社組織ではそれぞれの長所や短所が組織の成績に反映されるのでございますが、大人数になると個人の長所や短所が平均されてしまい、極々平均的な社員ばかりの集まりとなってしまうということのようでございます。

【歯科医】 フーン、アンタとこの会社は絶対かかりっこない病気やナー、ホンマ。

【営業】 ……

いつもは手ぶらでやってくる営業スタッフだが、今日は羊羹やら饅頭の大箱を抱え込むようにして診察室に入ってきた。

【営業】 先生、このたび私どもの社のほうで発売することになりますデンタル羊羹とデンタル饅頭でございます。今日はサンプルということでお持ちいたしましたので、後で美人の歯科助手の皆さんにもお分け下さい。

【歯科医】 何や、デンタル羊羹にデンタル饅頭ゆうて。ひょっとして虫歯ができんようになる和菓子でも発明しおったんかいナ、アンタとこの開発部隊?

【営業】 ハー、それがでございますね、先生。当初の目論見ではそのようになる予定でございましたが、やはり私どもの開発部隊には荷が重すぎたようでございまして。結局は普通のアンコしか作れませんで、社長は激怒の大安売りでございました。しかしでございますね、気の早い社長は既に小豆の先物相場に手を出してしまい、今後2年間は毎月200トンもの小豆を契約どおりの金額で買い続けなくてはなりません。強欲社長にしてみれば、無事に虫歯予防になるデンタル羊羹やデンタル饅頭を製品化したときのために、直物相場よりも安いはずだった先物相場で小豆を押さえておきたかったのでございましょう。ところが、それが完全に裏目に出てしまいました。男子栄養大学のオバサンがでございますね、アンコを食べるとウンコが出なくなって肥満になりやすいというトンでも本を出版したとたんに、羊羹や饅頭どころか、ぜんざいからアンパンにいたるまでパタと売れなくなってしまい、当然ながら小豆相場は大暴落いたしました。

【歯科医】フーン、そらまた運の悪いこっちゃナー。あの社長ハン、二度と株には手ー出さんゆうてはったんやけど、それが今度は商品先物で失敗したんかいな。

【営業】はー、社長も投機のためにでしたら商品先物などには絶対に手を出さないのではございますが、今回は我が社の開発部隊の力を過信して虫歯予防のためのデンタル羊羹などがすぐにも製品化できると思い込んでしまい、将来の製造コストを少しでも小さくしようと小豆の先物相場で購入契約を結んでしまったようでございます。あのトンでもない本さえ出ていなければ小豆が暴落することもなかったのにと、社長は毎晩丑三つ時にクギを打ち込んだわら人形を小豆で煮詰めております。

【歯科医】何や、エライ気味の悪い光景やないけ、ソレ。マー、わからんこともないけどなー。しかし、誰ぞ社長ハンの窮地救ってくれる人はおらんのんかいな?

【営業】ハイ、私どもの開発部隊も大いに責任を感じまして、それで試作いたしましたのがここにお持ちしましたデンタル羊羹とデンタル饅頭でございます。

【歯科医】何や、アンタとこの開発部隊もアホなことしかようせーへんやろう思うとったんやが、困った社長ハン助けるためにがんばって虫歯予防のアンコ完成させたんやな。そら、ごっつうエー話やないけ。

【営業】ハー、それがでございますね、これは虫歯予防ではなく、虫歯をたくさん作る効果のある羊羹と饅頭ということでデンタル羊羹とかデンタル饅頭と呼んでいるようでございます。我が社の窮地を救うためには、少しでも本業である金歯を売って収益を得て、それを小豆の先物で被る損失の穴埋めに回さなければいけない、そしてそのためには少しでも多くの虫歯を作らなければいけないということで、市販のアンコの倍の量の砂糖を入れて作り上げたそうでございます。

【歯科医】何や、美談や思うとったら、そないな羊羹や饅頭やこう、甘すぎて誰も食べへんで。ホンマ。やっぱ、アンタとこの開発部隊、徹底的にアホやナー。ソラー、社長ハンの足引っぱっとるだけや。

【営業】誠にごもっともでございます。ところがでございますね、先生と同じようにあのスイスイ銀行の専門家たちも我が社の社員の無能さには怒りを憶えたようでございまして、日頃はタコ部屋状態で働かせている鬼のような社長を自分たちで救わなければと立ち上がってくれました。社長が抱え込むことになったクスリをエッチしよう、イエイエ、社長の抱え込んだリスクをヘッジしようという掛け声とともに金融工学の屁理屈を駆使しまして、またまた新しい歯科金融派生商品を考案してしまったのでございます。

【歯科医】フーン、外人さんでも日頃の恩義に報いてくれとんのやが。こら、ごっつうエー話やないか。村野証券やこう、こないなときに何もしてくれんのんやろうナー。帝国株戦術ファンドなどという美名で素人衆のなけなしのお金1兆円もかき集めたあげくに、ずっと右下がりの運用しかできへんでかれこれ2000億くらいは水の泡やゆうやないけ。暴動が起きんのんが不思議やで、ホンマ。それにひきかえ、スイスイ銀行の連中は粋やないけ。ところで、その粋な連中が年いって役に立たんようになった社長ハンの窮地を救うために考え出したバイアグラみたいなんは、どないなもんやねん?

【営業】ハイ、商品名はバイアグラではございませんで、「金キラデンタル棚ぼたオプション」でございます。スイスイ銀行の専門家の話では、何でもバリアオプションという種類のデリバティブを歯科金融派生商品に応用したものとか。今回のように、何らかの金融取引で損失を生む危険性、つまりリスクを抱え込むことになった場合に、その危険性を軽減する、つまりヘッジすることに使いやすい手法だそうでございます。

【歯科医】アンタなー、そないなことゆうたかて、ワシにはエッチなクスリにしか聞こえんわ。もそっとわかりようにしゃべってみなはれ。わかりようにな。

【営業】これは、先生、大変失礼をいたしました。それでは、不肖この私めが新商品である

「金キラデンタル棚ぼたオプション」につきまして、具体的にご説明させていただきます。これはでございますね、他の歯科金融派生商品である金キラデンタル先物や金キラデンタルオプションなどと同じく、やはり今後ある一定期間に我が社の金歯を1本決められたお値段で購入することができるという契約を商品化したものでございます。例えば、今後6ヶ月間に我が社の金歯を1本２万８０００円で入れるという「金キラデンタルオプション」のお値段は今日現在のご契約ですと１８００円となっておりますが、同じく今後6ヶ月の間に我が社の金歯を２万６０００円で1本入れるという「金キラデンタル棚ぼたオプション」は１５００円とお安くなっております。

【歯科医】エー、そらまたおかしいのんとちゃうか？　どっちも6ヶ月以内にアンタとこの金歯1本入れる契約やゆうことは、どっちゃでも同じことやゆうこっちゃ。そしたら、値段が違うんはおかしい話やないけ。それとも、はげしい落とし穴がある銀ギラのんみたいに、運が悪かったら権利を失ってしまうゆう条件が付いとんのかいな？　しかし、せやったらちと高すぎまんがな。

【営業】イヤー、さすがは町内きっての賢者の石、イエイエ歯科医師の誉れ高い先生でございます。私ども営業の者でさえチンプンカンプンというかよくわかっていない我が社の複雑な歯科金融派生商品のからくりをそこまでお見通しとは。私、またまた平伏感服いたしました。

【歯科医】アンタなー、今度ワシの歯ー浮かすような台詞ゆうてみー、そこの診察台に縛り付けて奥歯全部浮かしたるで、ホンマに。

【営業】ア、これは大変失礼いたしました。しかし、賢者の先生のお言葉ではございますが、この「金キラデンタル棚ぼたオプション」は銀ギラデンタルオプションのように満期日を待たずに途中で金歯を1本入れる権利を失ってしまうようなアコギな商品ではございません。患者さんは満期日までに先生のところで必ず我が社の金歯を1本入れることができます。ただ……

【歯科医】ただ……ゆうて、ほれミー、やっぱ何か落とし穴があるゆうこっちゃな、落とし穴が。どうせ、そんなことや思うとったんやが……何も落とし穴がのうて安うできるわけないやんか。

【営業】もちろん、先生のご指摘のとおりでございまして、「金キラデンタル棚ぼたオプション」が金キラデンタルオプションよりもお安く設定されておりますのははっきりとした理由がございます。

【歯科医】せやろ、ワシのにらんだとおりや。そんで、その落とし穴ゆうのんを説明してミー。

【営業】ハイ、ただこれは落とし穴ではございませんで……。「金キラデンタル棚ぼたオプションン」を購入された患者さんはでございます、金キラデンタルオプションと同じく例えば今後6ヶ月の間に我が社の金歯1本、もっとお安く入れることができるのでございますが、ただ金キラデンタルオプションのようにいつでも好きなときにということにはなりません。

【歯科医】いつでも好きなときに患者ハンがウチにやってきて金歯入れるゆうんが普通やけど、そうはできんゆうたら誰もそないなもん買わへんのんとちゃうか？

【営業】ハイ、まさにそこのところの不便さがございますので、金キラデンタル棚ぼたオプションでの金歯の購入価格も金キラデンタルオプションよりもお安くなっておりますし、契約自体のお値段、つまり「金キラデンタル棚ぼたオプション」の価格も金キラデンタルオプションよりも安く設定されているわけでございます。

【歯科医】なるほどなー、患者ハンには不便なぶんだけ安うしてんねやな。ところで、不便にも限度があると思うんやけど、その金ピカのぼた餅みたいなん買うた患者ハン、いったいいつ金歯入れて貰えるん？

【営業】それがでございますね、先生。この「金キラデンタル棚ぼたオプション」におきましては、小豆市場の相場を常に参照いたしておりまして、小豆の相場がでございますね、私どもの社長が先物で支払うことになっている金額を下回ったときに、患者さんは契約に従う義務が発生いたします。

【歯科医】エー、そらまたごっつうおかしい話やなー。落とし穴がぎょうさんあった銀ギラのんやて、確か原資産の金相場を参照しとった程度や。そいでもって、金の相場が予め決められとった線よりも下がったとたんにノックアウトや。そらーそれで、時間かけてゆっくり考えていったらわかったんやけどな、今度ばっかりは無茶苦茶やがな。金相場やゆうんならわからんこともないが、何で小豆の相場が関係あんねん？　ホンマにスイスイ銀行のプロが考えたんかいな、コレ？

【営業】先生、確かに小豆相場と金相場、さらには金歯の市場価格は何の関係もございません。

【歯科医】せやろ？

【営業】ハイ。ところがでございますね、一般には何の関係もないのではございますが、我が社の社長にとりましては大変に大きな問題でございます。小豆の相場が、社長が先物で契約した価額を上回っております間は何とか先物を直物で売り払って小豆の在庫を抱えずにすむわけでございますが、これがもし下回ったときには直物への転売で赤字が発生いたします。つまり、そのときにキャッシュフローが発生してしまうわけでございます。

【歯科医】何や、また駅前のキャッチセールスやるんかいな？　コスプレの？

【営業】イエイエ、キャッチセールスではございませんで、キャッシュフロー、つまり現金の流れでございます。

【歯科医】何や、お金の流れゆうたら、単にお金払うたらエンと違うんかいな、払うて。

【営業】もちろん、そのとおりでございますが、問題はでございますね、その直物への転売で赤字が発生したときに都合よく我が社に保有現金があればよろしいのですが、たまたま何かの都合で現金がない状況でございましたら、取引銀行から高い金利を払って融資していただくしかございません。赤字を生んだ上に、さらに高い金利を払い続けなければならなくなるわけでございまして、このキャッシュフローの発生は我が社にとりまして大きなリスク、つまり危険性をはらんでいるわけでございます。

【歯科医】なるほどナー。しかし、それと今度の金ピカのぼた餅とはどう関係あるんかいな？

【営業】ハイ、それでございます、先生。さすがはスイスイ銀行の専門家集団でございます、我が社にとっての大きなリスクとなっておりますこの小豆先物の直物への転売が赤字となってキャッシュフローを生み出すときに「金キラデンタル棚ぼたオプション」の契約が履行されるように設定したわけでございます。これにより、現金が必要なときにちょうど「金キラデンタル棚ぼたオプション」の契約履行に伴う金歯代金が我が社に転がり込んでくる……

【歯科医】そうかいな、それで金ピカのぼた餅みたいなんは、小豆の相場が社長ハンが先物で支払うことになっとる金額を下回ったときに、患者ハンつかまえて有無をいわせず金歯入れてしまうゆうことにしたんかいな。こら、ごっつう頭エーなー。やっぱ、スイスイ銀行のプロだけのことはあるナー。エッチなクスリゆうて、バイアグラばっか飲んでんねやないんや、ホンマ。

【営業】何でもリスクをヘッジすることにかけては長年に世界的な活動を続けてきただけございまして、村野証券など我が国の金融関係ではとうてい太刀打ちできないそうでございます。欧米にはヘッジファンドとか申しまして、金融リスクをヘッジしつつお金を着実に増やしていくことをうたい文句にしたゲリラ的金融業者も多いそうで……

【歯科医】アー、それやな、ゴルゴ13にも出とったゆうんは。ほれ、スイスイ銀行のボンボンがロシアのマフィアに脅されたあげくに殺されおって。そいでもって、運がエーことにゴルゴ13がそこの口座に報酬を振り込ませとったもんやから、殺されたボンボンの親父さんがゴルゴ13に頼んでや、ロシアマフィアの悪党とそれに雇われて金融工学駆使して世界金融市場を操っとった天才数学者を暗殺してしまうゆう話や。ゴルゴ13はエーなー、いつもスカッとするがな、スカッと。エー勉強にもなるし。

【営業】イエイエ、私めにとりましては、ゴルゴ13などよりも日頃の先生からのご教示のほうがはるかに勉強になります。

【歯科医】アンタなー、この甘ったるいデンタル饅頭かじったとこにそないなこと聞いたら、ワシ歯が浮くどころか抜け落ちてしまうがな。こらー、口直しに辛党でいかんとどないにもならんわ。やっぱ、今日も患者やこうけーへんみたいやし、ドヤ、たまには新宿やのうてそこの駅裏のガード下の焼き鳥ででも一杯……

【営業】いーですね、先生。お供させていただきます。あー、この甘すぎるデンタル羊羹とデンタル饅頭ですが、どういたしましょうか？

【歯科医】置いていってや。甘すぎるゆうたかて、お湯で溶いたらぜんざいくらいにはなるやんけ。大阪の商人はな、何も無駄にはしまへんねや。

デンタルコンパウンドオプション

とことん閑古鳥の鳴きつつある診察室では、いつもの営業スタッフが頭を抱え込みながらくだんの歯科医に泣きを入れつつあった。

【営業】先生、今日という今日は不肖この私も情けなくて、情けなくて……

【歯科医】どないしたん？　アンタがそこまで落ち込むゆうたら、よっぽどのことがあったんかいな？　ハーン、ウチの美人の歯科助手の娘にふられたんと違うか？

【営業】イエイエ、滅相もございません。私が頭を抱えておりますのはでございますね、このたび我が社からまたまた新しく発売することになりました歯科金融派生商品のことでございます。これがでございますね、これまでの金キラや銀ギラのデリバティブなど全くの子供だましと思えるほどに難解極まりないものでございまして、社内でも何度もスイスイ銀行と村野証券の専門家によるレクチャーを受けたのではございますが、未だにさっぱりわからないという始末。イヤー、やはり帝都西北大の経済を出た程度の人間には、このデリバティブというやつは完全には理解できないものなのでございましょうか?

【歯科医】アンタ、何ゆうてんねん。そないに弱気になるゆうやこう、似合うとらへんわ。ワシやこう見てミー。自慢やないが偏差値の低さ日本一の南河内大学出たボロ腕でやで、この歯医者泣かせの首都激戦区で開業しとんやが。それに比べたら、アンタは天下の帝都西北大出てはって、おまけに総理総裁を輩出しとる弁論部のOBやないけ。もそっと元気出してがんばったらエーやんけ。南河大の拳法部のOBに慰められとったらいかんわ。

【営業】先生、お優しいお言葉痛み入ります。私め、長年この会社で営業をやってまいりましたが、そのようにお優しいお言葉をかけていただいた先生は初めてでございます。

【歯科医】マー、そないなことは気にせんでエーから、その南海電鉄みたいな下痢腹ゆうんがどないなもんか、ちょっと説明してみなはれ。話しとるうちに段々とわかってくるかもしれんよってにな。ワシもな、たまに母校の南河大で講義に呼ばれることもあるんやが、大学の講義ゆうて、ありゃー聞いとる学生の勉強になるんやのうて、話しとる先生の側の勉強になるんや。それと同じやさかい、アンタ気軽に話したらエーがな。

【営業】先生、誠にありがとうございます。まさに勇気百倍を得た思いでございます。それでは、不肖この私めが我が社の最新歯科金融派生商品『金キラデンタルバイバイオプション』のご説明をさせていただきます。

【歯科医】何や、そのバイバイ金ピカゆうんは？　金歯抜いてサイナラゆうわけでもないやろうに？　それとも、倍々ゲームで儲かっていくんかいな？

【営業】イエイエ、先生。「バイバイ」と申しますのは「さようなら」でも「倍々」でもなく、「売買」の意味で名付けられておるそうでございます。

【歯科医】へー、売買ゆうて、患者ハンが買うだけやなしと売ることもできる金ピカの下痢腹ゆうわけかいな？

【営業】ハイ、まさにそのとおりでございます。

【歯科医】エー、しかしやなー、患者ハンがいくら自分の金歯売りたいゆうて、いったい誰がそないなもん買うねん？　マー、美人タレントの口に収まっとった金歯やったら抜いてでも欲しいゆうオッサンはおるかもしれんけど……。それとも、アンタとこの社長ハン強欲の極みに達した勢いで、患者ハンから安う買い取った金歯溶かして新しい金歯作ろう思うとんのんとちゃうか？

【営業】滅相もございません、先生。私どもの金歯の材料はでございますね、常に帝都金市場におきまして先物または直物の商いによって大手の重金属メーカーさんから購入させていただいております。ましてや、患者さんの使っていらっしゃった金歯を抜いてまで材料費を安く上げようとは……以前に一度だけ酒席で前後不覚になった社長がそのようなことを口走ったことはございましたが、社といたしましては絶対にございません。

【歯科医】フーン、そなら何で患者ハンが金歯を売れるゆうわけや?

【営業】ハー、そこが私めが頭を抱えておるところでございます。患者さんが売ることができますのは金歯ではございませんで……

【歯科医】何や、そうかいな。アンタ、皆までいわんでもエーわ。ホレ、アンタの会社で開いとるゆう例の私設金キラ何タラ市場で売れるんやったわなー。例の金キラデンタルチョンボとかいう金ピカの下痢腹……

【営業】確かに、金キラデンタルオプションを購入された患者さんは、満期日までのいつでも私どもの社にございます私設金キラデンタルオプション市場において相場の価額で売却できます。ところがでございますね、それはあくまで金歯を買う権利を売っているわけでございまして、もともと金歯を売るという商行為や、さらには金歯を売る権利とかいうものは私どもの社の側にしか発生し得ないものでございました。

【歯科医】ソラー、確かにそうやなー。患者ハンができるゆうたら、アンタとこから直物か先物で金歯を買うか、金キラのんで金歯を買う権利を買うか、ようがんばってもその金歯を買う権利ゆうんを売るトコまでや。初めてやってきた患者ハンが、すぐに金歯を売る権利を買いたいゆうても、そないな金ピカの下痢腹商品はなかったさかいに。金歯を売るのは、とにかく一方的にアンタの会社のほうや。こらー、考えたら不公平とちゃうか?

【営業】ハイ、先生のご指摘のとおりでございまして、普通の金融派生商品におきましては、何らかの原資産を買う権利を派生商品としましたものをコールオプションと申しまして、我が社の金キラデンタルオプションはこのコールオプションを歯科金融派生商品に応用したものでございました。

【歯科医】そうやがな、そうやがな。前にアンタが説明してくれとったんやが。ホレ、その反対にトップレスのコールガールが商売しとんのがあるゆうて……

【営業】……ハー、プットオプションでございます。つまり、一般の金融デリバティブにおきましては、コールオプションとは反対に原資産を売る権利を派生商品としたものも設定されているわけでございまして、それがプットオプションと呼ばれるデリバティブでございます。

【歯科医】せやせや、トップレスの下痢腹とか何とかゆうとった。ほなら、今度の金ピカのバイバイゆうんはトップレスなんかいな?

【営業】イエイエ、それがでございますね、先生。原資産と申しましてもそこはあくまで歯科金融派生商品の悲しさでございまして、ご指摘のとおり金歯を原資産としてプットオプションを組み上げるのは無理がございました。金歯を売る権利というものは、どのようにいたしましても私どもの社の側にしか帰属し得ないものとかで、このような場合にはプットオプションが商品として意味をなさなくなるそうでございます。

【歯科医】マー、せやろな。さっきからワシがゆうとるとおりやがな。金歯を売るんは、いつもアンタのトコで、買うんは患者ハンの側や。しかし、そないにゆうて、今度の新しい下痢腹商品はバイバイゆうくらいやから買う権利だけやなしと売る権利も商品化されてんのんとちゃうんかいな?

【営業】ハイ、さすがは呑み込みのお早い先生のこと。お察しのとおり、「金キラデンタルバイバイオプション」と申しますものは、世界初の試みといたしまして我が社が研究開発委託いたしておりますスイスイ銀行の専門家チームがプットオプションを歯科金融派生商品に応用いたしましたものでございます。

【歯科医】何や、舌の根も乾かんうちに……。アンタ、今しがた金歯の場合にはプットオプションが商品にならんゆうたばっかしやないケ。それを、いくらスイスイ銀行のプロやゆうたかて、商品にならんもんを商品にするんはエライおかしいやないか。いったい、どないなってんねん？

【営業】ハー、実はここからは私めも胸を張ってご説明できるわけではございませんが……、一応何度も受講いたしました社内の営業研修で聞き及びました範囲ではでございますね、何でも金融工学の裏技とかで、金歯のようにプットオプションになりにくい原資産につきましては、そのコールオプション、つまり原資産である金歯を買う権利というもの自体を強引に原資産と見なせばよいとか……

【歯科医】フーン、そしたら下痢腹商品やった金キラデンタルオプションを原資産と考え直すゆうこっちゃな。マー、金歯そのものと違うて、金キラデンタルオプションは患者ハンが買うたり売ったり自由にできるもんやさかいに、それを原資産と見なしといたらそれを買う権利のコールオプションだけやなしに、売る権利のプットオプションも普通の金融下痢腹商品と同じように考えられるわナー。フムフム、何やワシにもわかってきたでー。要するに、金歯を買う権利である金キラデンタルオプションを売る権利ゆうんと買う権利ゆうんを商品化するわけか。なるほど、切れバラの下痢腹、つまりは二重下痢腹商品ゆうこっちゃ。コラーごっつう頭エーなー。さすがは世界に勇名を馳せとるスイス銀行のプロやないけ。ホンマ。

【営業】に、二重デリバティブ商品！　イヤー、私たったいま先生にご教授いただいて初めてこの複雑怪奇な「金キラデンタルバイバイオプション」のからくりが理解できましたでございます。まさに目から鱗が落ちた気持ちでございます。さすがは、私どもの社長だけでなく、スイスイ銀行や村野証券の専門家集団までもがかねてよりご尊敬申し上げております先生だけのことはございます。数式ばっかりを持ち出してくる村野証券の担当者のプレゼンテーションを何百回聞いてもチンプンカンプンでございましたが、先生の一言でやっと自分のイメージにすることができました。本当にありがとうございます。

【歯科医】アンタなー、そないに大げさにゆうて貰わんでもエーさかいに、それよりたまにはアンタとこの社長ハン持ちで赤坂の料亭にでもワシ呼んでや、そのスイスイ銀行のプロの連中に紹介して貰いたいモンや。中には金髪のキャリアネーチャンもおるんやろうし、その娘にやったらワシ何でも新しい下痢腹商品のアイデア教えたるさかいに。

【営業】イヤー、先生のようなお方はまさにデリバティブの神様でございます。金髪でしょうが何でしょうが、如何なる金融工学の専門家といえども先生の前ではただただひれ伏すのみ。如何でございましょう、赤坂の料亭などと次元の低いお話ではなく、この際スイスイ銀行と村野証券に次ぐ我が社の第三の研究開発委託先として先生をご推挙させていただくといいますのは……

【歯科医】ソーかな、ソーかな、ソラー、アンタも気が利くゆうもんや。マー、正式な委託契約して貰うたらな、ワシかて気張ってやりまんがナ。最新歯科下痢腹商品の開発やこう、ホンマ朝飯前や。ホレ、もうアイデアが湧いて出おったがいな。

【営業】さすがは先生、してどのような歯科デリバティブ商品で?

【歯科医】この前の金キラデンタル棚ぼたオプションゆうんがあったやんけ。

【営業】ハイ、私どもの社長が手を出して抱え込んでしまった小豆の先物市場でのリスクをヘッジするためにスイス銀行の専門家が考え出してくれたものでございますね。確か、小豆の先物相場で私どもの会社が支払う金額よりも小豆の直物相場が下がってしまった場合に強制的に患者さんの金歯を入れるという商品でございました。

【歯科医】セヤがな。それと似てんねやけど、だいぶ前に聞いた話で新宿の裏通りで裏ビデオ売っとる兄ちゃんがおったやないけ。それを参考にさせて貰うたんやけど、名づけて「金キラデンタル裏通りオプション」や。

【営業】はー? 何やら新宿の裏通りネオン街の虚構そのものという名前でございますね。で、その歯科金融派生商品はどのようなものでございましょうか?

【歯科医】いやー、ここだけの話しやがな。その兄ちゃんに頼んでやナ、ワシが前から狙うとる何本かの伝説の裏ビデオが入手できたら相場の流通価額で買い取るゆうことにしといて、予め手間賃払うとくねん。そいでもって、「金キラデンタル裏通りオプション」買うた患者ハンはやナ、その兄ちゃんが伝説の裏ビデオ1本見つけるたんびにワシに呼ばれて金歯1本予め決めとった値段で入れて貰えるわけや。そしたら、例えばこの前の話しに出とったみたいに、それがたとえ写真週刊誌で話題になった美人ニュースキャスターの若い頃やゆうてプレミアがぎょうさんついたかて、当面ウチの病院には金歯を入れる治療代が入ってくるさかいに、よそからお金借りんかてすむわけや。ドヤ、これやったらすぐにでも商品化できまんがな……

【営業】は——……

デンタルスワップ取引

開業以来ほとんど閑古鳥の鳴き続けていたくだんの歯科医院では、近隣の他の歯科医院ではまだ導入されていなかったドイツ製の高いレーザー歯科治療器を購入し、痛くて恐いという印象の強いドリルを使用しない最先端治療を売り物にすることになった。むろん、田舎の田畑を売ったお金も底をつき、親の遺してくれた財産も消え去ってしまっていたため、購入代金は歯科医が最も嫌うカマトト銀行東京支店から借りる以外にはなかった。

【営業】先生、これが私どものご提案できます最終的な、つまりは儲けを度外視したギリギリの線でのお見積もりでございます。どうぞおあらため下さい。

【歯科医】フーン、6割引きゆうこっちゃナ。マー、この辺りが限度やろうし、そろそろ手ー打っちゃろかいな……

【営業】これはこれは、先生、誠にありがとうございました。私どもの社といたしましても最近はもっぱら歯科金融派生商品のほうに力を入れてまいりました。そのため、このような本来のハイテク歯科治療器械の引き合いが先生からございまして、社長以下初診に、イエイエ初心に戻る気持ちで力一杯勉強させていただきました。しかし、さすがはハイテクにお強い先生でございます、社の輸入担当者もまだ存じ上げておりませんでした超最新のドイツ製レーザー治療器の性能の凄さに社員一同目を見張りました。あの身の毛のよだつようなドリルを使わないでしかも麻酔をしなくても、レーザー光線をあてるだけで痛みのない虫歯治療ができるとは。これを機会に、我が社も本来の業務である歯科衛生器機の販売にも一段と注力させていただく予定でございますので、今後ともよろしくお引き立て下さい。

【歯科医】アンタなー、いくら6割引きやゆうたところで、もともとの値段がごっつう高い器械やで。それでも1000万円は払わんといかんがナ。田舎の田畑も売り払うてしもうたし、親父の遺してくれたお金も開業以来の閑古鳥状態の中で美人の歯科助手の娘らキープすんのにのうなってしもうたさかいに……

【営業】先生、何でしたら我が社と提携しております信販会社の営業に声をかけまして、長期ローンでお支払いということにさせていただいてもよろしいのでございますが……

【歯科医】何ゆうてんねん。アンタとこの提携しとるゆうんは、ホレ国会喚問までやったゆう超強欲ジジイがやっとるトコやないけ。あないなとこから金借りてミー、元金の１０倍も利息取られてしまうがな。１０００万はナ、ワシがあちこちの銀行駆けずり回って何とか借りる見通しが立ってまんねん。せやから、金の心配より後々のメンテナンスやフォロー頼んまっせ。ホンマ。

【営業】もちろんでございます、先生。我が社の優秀な営業技術者をドイツに研修に行かせておりますので、先生はどうか大船に乗ったお気持ちで患者さんの虫歯に思う存分レーザー光線銃をぶち込んで下さい。ところで、後学のためにお教えいただければと思うのでございますが、先生が１０００万円をお借りになった金融機関さんはどちらで、金利はおいくらでございましたでしょうか？

【歯科医】アー、それなんやがな。あちこち下げとうもない頭下げまくってやナ、そのあげく大手の都市銀行やこう口をそろえて断りおんねん。ワシ、ごっつう腹立ってなー、今度都市銀行の行員が治療にきたときに使うてやろう思うて、古いドリルの治療器も捨てずにとっとくことにしたんや。死ぬほど痛い治療したんねん。

【営業】ハー、バブルが弾けてからは銀行さんのほうも債務超過に落ち込んでらっしゃいますから、なかなかご新規の融資先は受け入れていらっしゃらないようでございます……

【歯科医】多分そないなことになってんねやろーなー。せやからナ、次は地方銀行あたるしかない思うて、ワシが一番気に入っとるおしん銀行の東京支店に行ったんや。

【営業】アー、例の行員のボーナス削ってでも客先の金利を上乗せするとかいう……

【歯科医】せやがな。ところがやな、やっぱ新規の融資ゆうんは難しいゆうてナ、窓口の融資係の娘だけやなしに奥の課長ハンまで並んで土下座して詫び入れるんや。そこまでされたらナー、いくらワシかてそれ以上は文句つけれんさかい……。そいでもって、最後の手段や思うてナ、涙飲んであの小早川の末えいがやっとるクソッタレ第二痴呆銀行の東京支店に乗り込んだんや。

【営業】そこの駅前にございます、あのカマトト銀行東京支店でございますね。本社が岡山とかいう……

【歯科医】そうやがな、そうやがな。あの渋チンで強欲、狡猾で腹黒い岡山の連中がやっとる銀行だけあってな、ワシが融資係の窓口に立ったとたんに「本日業務終了」の立て札置きおんねん。ホンマ、クソ腹立ってナー。せやけど、ワシが何叫んだかて全く無視しおって、しまいには警備員まで呼んで追いだしかけてきおんねん。いくら町内で人格者やいわれとるワシかて限度があるさかいにナ、もうちょっとで爆発するかもしれんゆうとこに奥からオッサンが出てきおったんや。

【営業】警備員か警察官で?

【歯科医】イヤー、それがな、「何じゃ、お前じゃあねんか」ゆうて汚い岡山弁で声をかけてきたんやがナ、ワシの南河大拳法部の同期の奴やったんや。何でも夕日高校とかいう岡山の田舎の高校出て南河大にきおったんやが、卒業して地元の銀行に就職したゆうとったんがカマトト銀行やったわけや。それが、今では押しも押されもせん東京支店の支店長やゆうて、ワシもエライびっくりしてナー。

【営業】ハー、やはりカマトト銀行さんといいますのは、噂どおりに南河大を出た方でも支店長になれるわけでございますか……

【歯科医】アンタなー、南河大バカにしとったらいつか痛い目にあうで。金儲けやこう、偏差値やアラヘンがな。心意気や、心意気。

【営業】これは、大変に失礼をいたしました。どうも、私めは社会勉強が足りませんようで……

【歯科医】ホンマや。現になー、支店長とは拳法部の同期やったゆうんが聞こえたと同時にや、融資係の窓口にあった「本日業務終了」の立て札が消えてしもうたんや。おまけに、東京支店の行員が全員一列に並びくさって、もみ手で最敬礼しおんねん。ワシもごっつう腹立ったんやけど、そこはソレこっちも金貸して貰わんと困るさかいに、拳法部の同期の顔に免じて許したったんや。

【営業】さすがは先生、太っ腹でらっしゃいます。で、ご融資のほうは上手く……？

【歯科医】そらー、せやろ。何せ支店長が同期なんやさかい。マー、同期のよしみで金利も安うしてくれるゆうてナ、この先20年で返済やゆうて2％やゆうてたわ。たったの2％やで、アンタ。ヤッパ、持つべきモンは拳法部の同期やがな。岡山のカマトト銀行ゆうたって、身内とか知ってるモンには甘いゆう噂やったけど、ホンマごっつう甘いんや。住宅ローンかてゆうに5％は金利取られるご時世やゆうのに、たったの2％や。ワシ、もう涙がちょちょぎれるくらいに嬉しおま。

【営業】エー、今どき2％といいますのは本当でございますか？　いくら支店長さんとご懇意とはいえ、これから無策の日銀もやっと本腰を入れて金利ゼロ政策を見直そうかというときに、2％というのはカマトト銀行さんにとって自殺行為以外の何ものでもございませんが……

【歯科医】自殺行為ゆうて、何でそないなことがいえまんえん？　アンタ、ワシにもわかるように説明したってんか。

【営業】ハイ、これは帝都西北大学の経済学部を出ておりませんでも誰にでもおわかりになることのようではございますが、不肖この私がご説明申し上げます。そもそも銀行と申しますのは、主としまして預金者から預かったお金を他の企業や個人に貸し付けることで収益をあげておるわけでございます。ですから、預金に対して銀行側が支払います金利と、融資に対しまして銀行が受け取る利子を比べますと、必ず預金金利のほうが貸付金利よりも低いことにならなければなりません。

【歯科医】ソラー、あたりまえやないけ。そないなことは小学生でも知っとるがな。預金金利が貸し付け金利よりも高うなってみなはれ、銀行は毎日損し続けるだけや。貸付金利が預金金利よりも高いから銀行がやっていけるんやし、他の金融業かて同じこっちゃ。高利貸しやて、ブローカーやて、安い金利で仕入れて高い金利で回しとるから儲けが出てくるんやおまへんか。

【営業】おっしゃられるとおりでございます、先生。ところがでございますね、今年の預金金利こそ1%にも達しておりませんが、来年あたりに日銀の公定歩合が大幅に引き上げられるという予測もございまして、大方の経済アナリストの見立てでは来年の預金金利は2%に、再来年には4%に、そしてここ5年以内には5%になってしばらくはそのままになるといわれております。ということはでございます、カマトト銀行さんは今後20年間に先生から1000万円の貸付金利の2%を受け取ったとしても、一般の預金者から集めた1000万円に対して4%や5%もの高い金利を支払わなければならなくなるわけでございます。つまり、今後20年間は毎年100万円の2%から3%にあたります20万円から30万円をドブに捨て続けるわけでございます。いくら支店長さんのお友達とはいえ、このような総計500万円程度の損失を生むことが確実な融資をした場合にはですね、**監査委員**だけでなく**株主**からも不正融資ということでやり玉にあがることは確実でございます。ですから、先生がご契約されましたカマトト銀行さんからのご融資の金利が2%といいますのは、いささか納得できかねるのでございますが……

【歯科医】なるほどナー。アンタのゆうことはようわかるんやけど、あいつも同じ拳法部の釜の飯食った間柄やし……。待てよ、そうや融資係の担当者がもみ手でゆうとったんやけど、確か2%ゆうんは変動利子やて。ワシ、ようわからんかったんやけど、変動利子ゆうんが銀行の専門用語で利子ゆうこっちゃろう思うて、気にもせんかったんや。

【営業】へ、へ、変動利子！　先生、大変ですよ！　2%の変動利子というのは、今年くらいは2%の金利でよいかもしれませんが、先ほどご説明しました大方の予測にございますように、来年以降には預金金利でさえ5%になるわけでございますから、貸付金利は10%くらいにはなると考えられます。ということはでございますね、先生はこの先20年間もの間あの小早川の末えいのカマトト銀行に10%もの高い金利を払い続けなければならないわけでございます。

【歯科医】エー、そんなん詐欺やないけ。10%ゆうたら2%の5倍も利子取るゆうこっちゃ。クソー、何で小早川の末えいに毎年100万近い金を20年間も取られ続けなーいかんのんや。金利だけで2000万やないケ！　こらー、どう考えても悪徳高利貸しや。クソッタレがー、あのガキ昔拳法部の合宿でアゴ出してバテとったんをビール奢って元気付けてやった恩に報いまっさゆうて、ホンマはワシからこないに高い金利稼ごう思うとったんや。クソー、やっぱ小早川の生き残りやで、カマトト銀行の連中は。しかし、困ったなー。もう契約してしもうたし、といって組み換えるゆうても他の銀行は全く相手にもしてくれんからナー。

【営業】先生、どうかご心配なく。実は不肖この私、大学卒業後は政府系の帝国銀行か長期国債発行銀行に就職したいと思っておりまして、4年生のゼミではわざわざ金融論の中でも銀行業務について明るい元行員の教授についておりました。従いまして、銀行での貸付現場における様々なノウハウにつきましては少なからず一家言を持っております。

【歯科医】へー、アンタ見かけより頼りになるんやナー。そいでもって、小早川の末えいがやっとる岡山のアホ銀行に高い金利払わんでもすむ魔法があるんかいな?

【営業】ハイ、ございます。専門用語ではスワップと申しまして……

【歯科医】何や、それならワシかてよう知ってるがな。スワップゆうたら、ホレ、大人の秘密交際の雑誌に案内が出とるゆうやっちゃろ? ワシやこう、年いった嫁ハン騙して連れていってナ、そいでもって若い娘と交換して貰おう思うてんねやけど……

【営業】先生、それは違うスワップで……。ここで必要となりますのは金利のスワップ取引というれっきとした金融デリバティブでございます。

【歯科医】何や、そのスワップゆうんも下痢腹商品やったんかいな。そいでもって、やっぱ金キラ何とかゆう名前がついてんのかいな?

【営業】イエイエ、滅相もございません。既に我が社で金利スワップ取引を派生商品としたものがあるわけではございませんが、我が社の強欲社長のこと、私めが先生の窮地を説明いたしまして提案いたしますれば、必ずや先生と我が社の間に金利スワップ取引を開始すること請け合いでございます。

【歯科医】ホー、ワシはそないに信用があるゆうこっ

ちゃな、アンタとこの社長ハンに。

【営業】ハー……、それもございましょうが、何分にも私どもの社長は強欲では決して人に負けておりません。それが、今回のように美味しいスワップがあるとなると、もう手放しで喜び参加いたしますこと間違いございません。

【歯科医】何や、アンタとこの社長ハン、もうだいぶの年やのに好きモンやなー。

【営業】先生、お言葉ではございますが、これはあくまで金利のスワップ取引でございまして……

【歯科医】わかってるがな、わかってるがな。ちょっと面白うゆうてみただけやないか。しかしやなー、そのスワップが何で美味しい話しになるんや？　そのヘンのこと、わかりやすうに説明したってんか。

【営業】ハイ、それではご説明申し上げます。私どもの強欲社長はでございますね、今回の先生のカマトト銀行さんからのご融資とは無関係に、毎年私ども社員に支払いますボーナス用の現金約1000万円を前もって1年前から1年定期にしまして、その利子をご自身のボーナスにあてるという、極めて堅実なやり方をとってまいりました。

【歯科医】フーン、そらー経営者の鏡やないけ。

【営業】ハイ、私ども従業員一同も、そこまで徹底している社長だからこそ、このタコ部屋状態の営業活動にも耐えておる次第でございます。ところがでございます、最近の銀行さんの定期預金金利と申しますのは、1年モノで1%程度以下でございまして、従いまして社長のボーナスも年10万円にしかなりません。

【歯科医】ソラー、エライかわいそうなこっちゃ。社長ハンゆうたら、ボーナスもぎょうさん貰わんと。しかし、金利が1%以下やさかいに、しゃーないゆうたらしゃーないわナー。

【営業】そこでございます、先生。先生の側からいえば、日銀の公定歩合が来年あたりからグッと引き上げられてしまいますために、今後20年間もの長きにわたりまして毎年1000万円の10%もの金利を払わなくてはなりません。しかも、先生の最も嫌いな小早川の末えいどもがやっておりますカマトト銀行に断腸の思いでお支払いになるわけでございます。また、私どもの強欲社長の側から申しますと、今後毎年社員に支払うボーナス1000万円を1年定期にして利子分だけを自分のボーナスに回すことを続けていかなくてはなりません。来年から公定歩合が引き上げられましても、1年ものの定期預金金利については高々2%か3%になる程度であり、最悪の場合は現状維持の1%以下のままとなるかもしれません。公定歩合の引き上げが長期金利に跳ね返ってきたとしても、短期金利まではなかなか影響しないという見方もございますので。

【歯科医】フムフム、アンタのゆうことは、確かに今後のワシの置かれた苦境と、オタクの社長ハンの置かれた苦境をよういい表しとるがな。さすがは、帝都西北大の経済出とんのやがな。またまた見直したがな。ホンマ。セヤけど、ワシとアンタとこの社長ハンの失敗並べてみたかて、何も事態がようなるわけやないやんけ。こんなん、美味しい話やあらへんわ。そらマー、他人の不幸は蜜の味ゆうてナ、他人ハンには美味しい話なんかもしれんけど?

【営業】イエイエ、滅相もございません。先生や私どもの社長の窮地を並べて笑いものにするなど、考えたこともございません。このように整理させていただきましたのは、あくまで金利スワップ取引のメリットについてご説明させていただくためでございます。

【歯科医】フーン、そないゆうんなら、聞いちゃらんこともないから、そのスワップゆうのんの美味しいトコ説明したってんか。

【営業】ハイ、そこででございます、この場合の金利スワップ取引と申しますのは先生と私どもの社長の間での次のような商取引でございます。つまり、先生は嫌なカマトト銀行さんに今後20年間10%にもなりかねない変動金利を払う代わりにでございますね、私どもの社長に6%の固定金利だけをお支払いいただく。そして、私どもの社長は先生の代わりにカマトト銀行さんに先生の変動金利をお支払いするというわけでございます。

【歯科医】へー、ワシ毎年固定金利で6%の利子を払うだけでエンかいな。そらまた、ごっつう助かるがな。ひょっとしたら、来年からずっと10%もの金利払うていかなあかんところやのに……。セヤけど、アンタこらーおかしい話やないケ？　考えてもみなはれ、もしカマトト銀行の貸付金利が１０％になったら、アンタとこの社長ハン差し引き４％の金利をワシの代わりにカマトト銀行に入れなアカンようになるわ。そんなん、大損やさかいに、あの強欲社長ハンがこないなスワップ話に乗ってくるわけおまへんやろ。

【営業】先生、そこが金融市場の面白さでございまして。かねがね私どもの社長はいわゆる金融経済アナリストのご託宣など信じてはおりませんで、むしろ連中のいうことなどあてにならないと申しまして逆の予測をしてまいりました。従いまして、社長の個人的な予測では、政府日銀はこの先２０年くらいは無策の金利ゼロ政策を踏襲していくようでございます。つまりでございますね、社長の側から見る限り、先生がカマトト銀行にお支払いになる金利はずっと２％のまま維持される可能性が高いわけでございます。そうしますと、私どもの社長は先生から６％の金利を受け取り、代わりにカマトト銀行に２％の金利を払うわけでございますから、差し引き４％もの金利を手にすることができる計算となります。ご自分のボーナスが２０万円だったのが、先生との間で金利スワップ取引を開始するだけで４０万円となり、何もしないで倍になる……。これは私どもの社長にとりましては、その手の雑誌に出ているスワップよりも美味しい話でございます。必ずや、先生との間で金利スワップを始められること間違いございません。

【歯科医】なるほどナー、ワシから見たら、来年以降大方のアナリストの連中がゆうとるようにひょっとして金利が10%まで跳ね上がってしもうたら大損やさかいにナ、あの小早川の末えいのカマトト銀行にその金利払うまには、アンタとこの社長ハンに固定金利で6%払うほうが安うすみまんがな。こらー、こっちかて美味しい話や。コラー、ごっつうエー話やないけ。アンタ、これから会社に帰ってヤデ、社長ハンにあんじょう説明したって何とかワシとスワップせーへんかゆうて頼んでーな。

【営業】かしこまりました。先生のお力にもなれることでございますし、不肖この私、一命に換えましても必ずや先生と私どもの社長の間のスワップをまとめてごらんに入れます。それでは、急ぎ社のほうに帰らせていただきます……

【歯科医】アー、頼んだで。ひとつ、気張ってヤ……。セヤけどなー、はっきりゆうといてヤ、金利のスワップやさかいに、金利の。あの強欲社長ハンの嫁ハンゆうたらエライ婆さんに決まっとるさかいに、スワップゆうて勘違いされたらトンでもないけんなー。

【営業】…………

デンタルスワップション

翌日の昼下がり、くだんの歯科医院には閑古鳥だけでなく、いつもよりも早く呼び出された営業スタッフの鳴き声も響きわたっていた。

【営業】先生、社のほうからの緊急連絡がございまして、不肖この私、他の先生方を飛ばしてまず午後一で参上いたしました。これはまた、何やら浮かぬお顔でいらしゃいますが、如何いたしましたでございましょうか、先生？

【歯科医】イヤー、他でもないんやが、アンタ昨日ゆうとったスワップなー……

【営業】ハイ、私どもの社長と先生の間での金利スワップ取引でございますね。もちろん、昨日早速に社長に伝えましたところ、やはり大いに喜びまして、是非にも先生との間でスワップしたいと申しております。本日は予定でございますと夕方に私めがこちらにおじゃまさせていただくことになっておりましたので、私どもの社長もその頃には同席させていただき契約成立ということで、こうやって契約書類もそろえてまいりました。もちろん、その後は社長共々是非にも先生をご接待申し上げたいということで、ハイヤーを待たせておく手はずになっておりますが……

【歯科医】フン、そのスワップの話しなー、昨日晩から何かワシだけ損するような気がしていかんねやわ。せやから、スワップの話し無かったことにして貰おう思うたんや、ホンマ。

【営業】エ、エー。私どもの社長のほうは既に大乗り気でございまして、今宵は先生と心ゆくまで酒を酌み交わしたいとまで申して他の会合を既にキャンセルいたしておりますが……

【歯科医】ソラー、社長ハンにはごっつう悪いんやがナ、どう考えたかて日銀の無策無能のオッサンが金利ゼロ政策やめるとは思えんのんや。アナウンサーかアナリストか知らへんけど、仮にソイツらのゆうとおりになって金利ゼロ政策が切り替わったとしてもやな、公定歩合の上げ幅ゆうたらしれとるがナ。せやったら、いくら変動金利ゆうたかて、ワシがカマトト銀行から借りとる1000万円の金利もここ10年は4%どまりやわ。おまけにな、国債発行高500兆円がその頃には800兆円くらいいってますがな。こんな借金抱えとる国の経済が発展するわけおまへんやろ。つまりは、10年後には再び金利ゼロの真っ暗闇に再突入ゆうこっちゃがナ。そしたらナ、誰が考えたかて、オタクの社長ハンはエライ金利得しはって、ワシだけごっつう余分に金利払い続けるゆうことやないけ。ソンナン、ワシ大損や。そんでもって、アンタとこの社長ハンは大儲けやが。毎年、ボーナスが倍になるわけやさかいに。ソラー、今晩赤坂の料亭でコンパニオンぎょうさん入れてドンチャン騒ぎしたかて、安いもんやわ。ホンマ。

【営業】先生、お言葉を返すようではございますが、実は昨日社のほうに戻りましてから先生とのスワップ取引の話を社長に進言したおりには、私どもの社長は全く乗り気ではございませんでした。と申しますのも、たまたま昨日の午後一でございました我が社の経営戦略会議の席上、社外役員を引き受けていただいております村野証券の専務がでございますね、来年以降我が国の公定歩合が徐々に引き上げられていくという観測から、この秋の長期金利先物の市場価額が上昇するとの予測を示したわけでございます。

【歯科医】エー、長期金利にも先物ゆうんがあるんかいな? ソンナン、初耳やがな。

【営業】ハイ、金利といえどもれっきとした金融の原資産でございますので、それにつきましても様々な派生商品、つまりデリバティブが売り出されております。とは申しましても、このような金利を原資産とする金融派生商品につきましては、やはり銀行間の取引とか、銀行と企業の間の取引がメインでございまして、私ども歯科金融派生商品を商っております業界にとっては単に銀行さんから融資を受けるときに受け身で利用させていただくのがほとんどでございました。

【歯科医】フーン、金利かて下痢腹商品の対象になるんかいな。そらまた、エー勉強になったがな。マー、ワシには無関係な話しやけど……

【営業】イエイエ、先生もこの金利デリバティブ商品を既にお求めになっていらっしゃるはずでございます。

【歯科医】何ゆうてんねん。そんなモン、絶対に買うとらへんわ。ホンマ。

【営業】いえ、先生もこの住宅兼歯科医院の建物をここに新築なさるときに銀行さんの住宅ローンをご利用になったと存じますが……

【歯科医】アー、山形に本社のあるおしん銀行の東京支店に住宅ローン組んで貰うたんや。ワシの首にぎょうさん生命保険かけおってナ。生きてる間はせっせと金利払えゆうこっちゃがな。しかし、さすがはおしん銀行やわ。岡山の小早川の末えいがやっとる狡猾なカマトト銀行とはわけが違うわ。アンタなー、ワシの住宅ローンは固定金利になっとんねやで。この先アンタとこの社外役員やっとるゆう村野証券のエライさんがゆうように金利が上がってミー、ワシに固定金利で融資してくれとるおしん銀行は損するようになるんや。そないなリスク背負ってもやナ、ワシに固定金利で貸してくれはったんや。ホンマ、カマトト銀行とは大違いや。

【営業】先生、お言葉ではございますが、いくら山形のおしん銀行さんといえども、将来わずかでも損失を生む可能性のあるような貸付は絶対になさらないはずでございます。先生の住宅ローンにつきましても、おしん銀行さんはどこか他の銀行とかブローカーとの間で金利のスワップをやってらっしゃるに違いございません。つまり、どなたかが先生の住宅ローンにつきましての固定金利と、その時点での変動金利の差をおしん銀行さんに支払ってらっしゃるわけでございます。ですから、たとえ預金金利がこの先たとえ10％に上がったといたしましても、おしん銀行は損をしないですむわけでございます。つまり、金利のスワップ取引をすることによりまして、おしん銀行の側は先生に固定金利で貸し付けた住宅ローンについての将来の大きな損失の危険性、即ちリスクを回避できる、ヘッジできるわけでございます。スワップがなければ、たとえ山形のおしん銀行さんといえども、岡山のカマトト銀行さんと同じで変動金利を設定していたはずでございます。

【歯科医】フーン、アンタそないにカマトト銀行の肩を持ってからに、ひょっとして小早川の末えいとちゃうか？

【営業】滅相もございません、先生。私めが申し上げたかったのはでございますね、金利のスワップ取引という金融派生商品ですら、意外にも先生の身のまわりでお役に立っているということでございます。ですから、今回の先生と私どもの社長の間におきましての金利スワップ取引につきましても、決して先生の損になるようなものではございません。むしろ、昨日の我が社の経営戦略会議の後で社長が村野証券の専務に相談したところ、今後金利は右上がりに変化し続けるので今回のスワップは社長に不利になるということでやめるように忠告されたそうでございます。

【歯科医】社長ハンに損になるゆうたら、ワシには得になるゆうこっちゃがな。せやのに、何でアンタとこの社長ハン、赤坂の料亭にワシ呼んでくれてまでスワップしようぃわはるん。おかしいやないけ？　それとも、料亭でパーッとやるときに、社長ハンとワシの間で芸者ハンとコンパニオンのスワップするゆうことなんかいな？

【営業】先生、私どもの社長はでございますね、強欲ということで名はとおっておりますが、心根は非常に優しい人間でございます。このたび、先生がドイツから最新のレーザー治療器をご購入されるときにでございます、わざわざ我が社にお声をかけていただきましたご恩に少しでも報いたいと考えておりましたところ、昨日の金利スワップの話しがございまして、社長の側には損になる公算が大であり、先生の側には大いにメリットが生まれると聞き及びまして、それで先生との間の金利スワップ取引を始めようと考えた次第でございます。あくまで、先生を少しでもお助けできればと……

【歯科医】イヤー、ワシごっつう恥ずかしいわ。そないにまで思うてくれはった社長ハンのこと、小早川の末えいの強欲ジジイと信じ込んどったさかいに。カンニンやで。そんなことやったら、ワシ喜んで社長ハンのご厚意に甘えさせて貰うわ。ホンマ。アンタ持ってきはったゆうスワップの契約書出してんか。

【営業】ハー……、それがでございますね、先生。

【歯科医】何や、急に歯切れが悪うなって。どないしたんや？　ひょっとして、ワシが急がしたさかいに、契約書忘れてきたんとちゃうか？

【営業】イエイエ、ここに契約書は持ってまいりましたが、ただちょっと……

【歯科医】ちょっと……ゆうて、アンタも男らしゅうないナー。早う、ここに出してみなはれ。早う。

【営業】ハイ、実は本日お持ちいたしましたのは金利スワップ取引の契約書ではございませんで、その代わりといっては何でございますが、先生に是非お買い上げいただきたい我が社の歯科金融派生商品の最終兵器「金キラデンタルハックション」でございます。

【歯科医】何や、そのくしゃみしとうなるような金ピカのんは？

【営業】ハー、それがでございますね、昨日の経営戦略会議の後で私どもの社長が先生との間のこのたびの金利スワップ取引をすることによって今後２０年間にかけて大きなリスクを抱え込むことを小耳に挟みましたスイスイ銀行の専門家がでございますね、それはあまりに神風特攻隊的な発想で危険が大きすぎるといい始めました。もちろん、村野証券の連中も口をそろえて今回の金利スワップをしないように進言してまいりましたが、私どもの社長は聞く耳を持ちません。ところがでございますね、皆もあきらめかけた頃にスイスイ銀行の専門家が大きなくしゃみをいたしまして、イヤ、私にはくしゃみとしか聞こえなかったのでございますが、何やらスワップションと叫んだようで。

【歯科医】何や、そのスワップションゆうんは。くしゃみやなかったら、「スワップしよう」ゆうて叫んどっただけとちゃうんかいな？

【営業】イエ、それが後で聞いてみますと、スワップションといいますのはれっきとした金融デリバティブの一種だそうでございまして、要するに金利スワップ取引を始める権利というものを金融派生商品にしたものだそうでございます。

【歯科医】フーン、確かに金歯を1本入れるゆう権利を商品にしたんが金キラデンタルオプションやったさかいに、その金ピカのくしゃみみたいなんもオプションみたいなもんなんやな？

【営業】さすがは先生、近頃我が社ではデリバティブの神様とまで崇められていらっしゃるだけのことはございます。確かに、スワップションと申しますのは金利スワップ取引のオプションということで、スワップとオプションをつないだ合成語だそうでございます。そしてでございますね、このスワップションを世界で初めて歯科金融派生商品に組み込みましたのが私どもの「金キラデンタルハックション」でございます。

【歯科医】なるほどナ。そんで、その金ピカのくしゃみ買うたらどないなるねん？

【営業】ハイ、これは我が社から高価な先端歯科治療器械をご購入された先生方に対してのみ設定された歯科金融派生商品でございまして、先生方がご購入資金をお取り引き銀行さんから変動金利で借り入れられた場合に、私どもの社との間でその変動金利を固定金利に換える金利スワップ取引をでございますね、予め契約時に定められた期間内のいつでも好きなときに始められるという権利をご購入していただくことになります。

【歯科医】しかしやナー、金利スワップするゆう権利買うたはエーけど、来年になってやで政府日銀の無能無策のオッサンが今後20年間はゼロ金利政策を続けるゆうてミー、金利スワップするんやこう大損やないけ。

【営業】もちろん、そのとおりでございます。もし、先生が私どもの社長との間に既に金利のスワップ取引を開始していらっしゃったなら、それこそ大きなリスクを抱え込んでしまうことになるわけでございます。ところがでございます、我が社の「金ピカデンタルハックション」におきましては、先生がご購入になられましたものはあくまで金利スワップ取引をお始めになる権利でございますから、このように金利スワップ取引が不利になると思われる間は権利を行使せずにお待ちになられればよろしいだけでございます。そして、結局何年か後に金利が右上がりになるとご判断されたときに権利を行使されればよろしいわけでございます。

【歯科医】なるほどナー、それやったら金キラデンタルオプションと同じで、自分の好きなときに権利を行使できるゆうこっちゃ。しかし、その金ピカのくしゃみみたいなんの満期がきても結局金利が上がらんかったらどないすんねん?

【営業】先生、それは金キラデンタルオプションと同じでございまして、単に権利を行使しないで終わればよろしいわけでございます。そのような場合と申しますのは、スワップなどしないで変動金利のままで借入をしているほうが有利な場合でございますから、何も損をすることがわかっていながらスワップする必要は全くございません。

【歯科医】なるほどナー、そらーごっつうエー話やないけ。昨日の晩からワシの頭に引っかかってとれんかった心配がきれいサッパリとれてしまうがナ。ワシがやで、アンタとこの社長ハンと今日からすぐに金利スワップ取引始めるかわりにや、その金ピカのくしゃみみたいなんを買うときゃエーねやが。そいでもってナ、来年あたりになって村野証券のエライさんがゆうたみたいに金利が上がり始めてからスワップする権利を行使するわけや。コラー、ものごっつう都合のエー下痢腹商品やがな。最終兵器やゆうだけのことはあるが、ホンマ。イヤー、やっぱスイスイ銀行のプロは違うナー。金融下痢腹商品の真髄まで知り尽くしとるわけや。

【営業】ありがとうございます、先生。そのようにご理解いただきましたこと、不肖この私、一生忘れはいたしません。

【歯科医】何ゆうてんねん、感謝するんはこっちやないけ。ドヤ、アンタなー、ワシの心配を払拭してくれるような下痢腹商品をすぐに作ってくれはったスイスイ銀行の連中、今晩社長ハンといっしょに赤坂の料亭に呼んだったらエーがな。芸者ガールやコンパニオンやゆうて、連中にも日本のイメージようして帰ってもらわんと。

【営業】かしこまりました、先生。ソレでは、早速社のほうに戻りまして、私どもの社長だけでなく、研究開発委託先のスイスイ銀行の専門家チームもいっしょに赤坂の料亭で先生をお待ちする準備に入らせていただきます。イヤー、私めも先生の医院に出入りさせていただいたおかげさまで、随分と金融派生商品の勉強をさせていただきました。実は、まだ内示の段階ではございますが、この春からは帰国するスイスイ銀行の専門家に相成り変わりまして、私が歯科金融派生商品開発担当となる予定でございます。イヤー、異例の出世ということで、これもひとえに先生の日頃のご教示のたまもの……

【歯科医】エ、エー、スイスイ銀行の連中は今度からは手引きはるんかいな？　そいでもって、後の開発責任者がアンタになるやて？　ソラ、アカンは。ワシとこなー、来年からは他の会社から金歯仕入れさせてもらいまっさ。悪う、思わんといてナ。

【営業】先生、またまたご冗談のきつい……

【歯科医】何ゆうてんねん、冗談やあらへんわ。考えてもみなはれ、スイスイ銀行のプロが後ろにおるゆうから安心してんねやで。それがおらんようになって、かわりにアンタがおるゆうて……。アホらしいて、やっとられんわ。マスクにパンツの切れ込み入れてビールのラッパ飲みできますゆうんを商品化した開発部隊のほうがまだましや。

【営業】 先生、どうかご安心を。委託業務を終了いたしますのはスイスイ銀行のみでございまして、あの天下の村野証券の専門家チームは引き続き共同で開発業務に携わる予定でございますから……

【歯科医】 アンタなー、それが一番危ないねやが、一番。何せ帝国戦術ファンドとかでたった1ケ月で1000億も焦げ付かしたとこやからナ。マー、今晩赤坂の料亭であんじょう教えたるさかいに、アンタもよう勉強しなはれ。

【営業】 ハ、ありがとうございます。それでは、先生、お先に行っておりおります……

【歯科医】 アー、芸者ハンとコンパニオンの娘らぎょうさん集めるん忘れたらいかんで。何せスワップやからな、スワップ。プ、プ、ハックショーン!

【営業】 先生、お風邪でも?

おわりに

結局予定どおり書き上げたのだが、できるだけわかりやすくということを心がけるあまり、いささか品位に欠ける内容表現が多くなってしまった。まじめな金融工学の解説書に慣れてしまった読者諸姉諸兄には申し訳ないが、所詮金儲けは品のあるものではないはず。ならば、金融工学とて陽のあたるところで堂々と胸を張って語るのでなく、夜中の新宿裏通りで何やら怪しげにコソコソと語るほうがお似合いだろう。

というわけでいっそう面の皮を厚くし、知己を多く失うことをものともせずこのトンでもない本を世に送り出すことにした。むろん、それには僕なりの勝算があってのことではあるが……。

大学生の知力・学力の低下が嘆かれ始めて久しいが、確かに漫画以外の本を読む学生が目立って少なくなっている。教科書に指定したものであっても、まず買って読むことはしないし、図書館で借りることもない。そもそも、教科書がある授業は敬遠するようにさえなっているのだ。

もちろん、学生の側にもいい分はあるわけで、書いてあることがわからないというのは昔なら読者の頭が悪いということで学生のほうが恥じ入っていたのだが、今では著者が悪いということにされてしまう。日本の大学では経済学部や経営学部に属する大学生がかなりの数を占めているため、こういった問題はまず経済関係の分野に現れ始めたのかもしれない。だからというわけだろうが、漫画で経済学や金融論を講じた本も多く出版されている。

しかし、漫画にしたからといってわかりやすくなっているとは思えないものばかりだ。その理由は、単に漫画を入れて劇画風にストーリーを展開させて読ませるようにはなっていても、肝心の本質部分の解説がト書きの台詞には入らず、欄外の注釈であたかも教科書にあるかの如く記述されるからだ。漫画でやるならとことん徹底して漫画的にやる。そこまでの入れ込みがない限り、情報過多の教えすぎ状態で育ってきた今の大学生には受け入れてはもらえない。

もちろん、僕自身漫画を描くことは不可能に近いし、誰か漫画家の人に頼んでこちらの意図するとおりに描いてもらうのも至難の業だろう。となると、できるのは漫画のト書きの台詞をつないだ漫才のような会話を並べてみるしかない。これが、今の大学生に対する最後の抵抗かもしれない。

さあ、全国の大学生諸君！

今流行の金融工学のエッセンスを読み取ることができるかい？

漫画一、いや万が一にもこのトンでもない本で笑って金融工学に興味を持ったからといって、本屋に並んでいる金融工学の本を読み始めることは決してお勧めしない。少しでも興味が湧いてきたら、まず君らの先生たちの講義を真剣に聴くことだ。別に経済学部でなくとも文学部でも理学部でも工学部でも同じことだ。真剣に聞きさえすれば、その先生がいくらダメでも、何かひとつは頭に残る。残るのが疑問や疑惑であっても大いに結構。図書館に行くなり本屋で立ち読みするなどして、そもそも自分で考えるという力があるのだと気がつきさえすればよい。

というわけで、さらに読み進む本としては

『**Excel**で学ぶ金融市場予測の科学』保江邦夫著（講談社＝ブルーバックス）

だけをあげておく。そちらのほうの巻末には金融工学に関するお勧めの書を何冊かあげておいたので参考にしていただければと願う。

二十世紀末の蒸し暑く不始末の多い岡山の田舎にて

保江　邦夫

さ行

索　引

著者　保江 邦夫 [やすえ くにお]
1951年，岡山県に生まれる．
東北大学・京都大学・名古屋大学・ジュネーブ大学を経て，現在ノートルダム清心女子大学情報理学研究所教授．専門は数理物理学，数理科学．確率変分学の開拓者として知られる．理学博士．
主な著書に，『Excel で学ぶ金融市場予測の科学』(ブルーバックス)，『確率微分方程式—入門前夜—』『数値確率解析入門』(以上，朝倉書店)，『数理物理学方法序説—ヒルベルト空間論—』『数理物理学方法序説—解析力学—』『数理物理学方法序説—微分幾何学—』『量子の道草—方程式のある風景—』(以上，日本評論社)，共著に『1リットルの宇宙論』『1リットルの量子論』(以上，海鳴社)，『脳と心の量子論』(ブルーバックス) など．

笑ってわかるデリバティブ
——金融工学解剖所見——

2000年 9 月20日　第 1 刷発行

発行所　㈱海鳴社

〒101-0065　東京都千代田区西神田2-4-5
電話 (03) 3262-1967　Fax (03) 3234-3643
振替口座　東京00190-31709
組版：海鳴社　印刷：三報社印刷　製本：松島製本

出版社コード：1097
ISBN：4-87525-196-3